KB013804

영국의 작가 오스카 와일드는 말했다.
"모두가 시궁창에 빠져 하우적댈 때, 누군가는 밤하늘의 별을 본다."

공부는 나의 '가능성'에 대한 도전이다.
그리고 그 가능성은 지금,
내가 만드는 것이다.

더 이상 공부에 지지 않겠다

/ 이우빈 지음 /

다섯
에듀

프롤로그

불안감이 폭발하는 순간이
공부의 시작점이다

이 책은 게임에 미친 학생들을 위한 책이다.

이 책은 오늘이 마지막 하루인 것처럼 노는 학생들을 위한 책이다.

이 책은 내일이 없는 학생들을 위한 책이다.

진심으로 이런 학생들을 위한 책을 쓰고 싶었다. 사실 나도 한때 게임에 미친 적이 있다. 고등학교를 자퇴하고 마치 내일이 없는 사람처럼 하루하루를 보냈던 날도 많다. 오늘날, 나와 같은 고민을 겪고 있을 학생들에게 이 책을 통해 나의 이야기를 들려주고 싶어 부끄러움을 뒤로 하고 책을 쓸 용기를 냈다.

200쪽이 넘는 책을 읽었을 때 가장 기억에 남는 구절은 무엇일까? 수많은 명언을 남긴 책들도 막상 읽고 나면 그 한 구절이 떠오르지 않는 경우가 많다. 나는 이 책만큼은 읽고도 아무것도 남지 않는 그런 책이 되지 않았으면 한다. 그래서 이 책을 읽는 독자들에게 딱 한마디만 뇌리에 꽂히기를 바라는 마음으로 힘주어 '미래'라는 글자를 쓴다. 물론 당장 와 닿지 않을 것이다. 어떤 맥락에서 미래라는 단어를 말하는 것이며, 대체 저 단어에 어떤 힘이 있기에 공부와는 담을 쌓았던 축구선수를 서울대에 보냈는지 당장은 이해할 수 없을 것이다.

여기서 잠시 책을 내려놓고 눈을 감자. 그리고 '자신의 미래'를 그려 보자. 아직도 눈을 감지 않고 계속 책을 읽고 있다면, 진심으로 부탁하는데 제발 눈을 감고 본인의 미래에 대해서 상상을 시작하자. 상상하는 데 몇 분이 걸렸는가? 단 1분도 되지 않았는가? 그렇다면 다시 한 번 책을 덮고, 의무적으로 3분 동안만 상상해 보자. 앞으로 읽게 될 200쪽가량에 든 내용보다 '스스로 상상하는 미래'가 비교할 수 없을 정도로 소중하기 때문이다.

본격적으로 나의 이야기를 시작하기 전에 왜 미래를 힘주어 쓰고, 미래를 상상하라고 했는지 간딘히 말하고 싶다. 주위를 둘러보면 오늘 주어진 24시간이 부족한 것처럼 치열하게 공부하는 친구들이 있다. 반면 오늘 주어진 24시간이 마지막인 것처럼 치열하게 노는 친구들도 존재한다.

왜 이렇게 극명하게 나뉘는 것일까? 나는 '불안감'이 다르기 때문이라 생각한다. 뜬금없이 '불안감'을 왜 이야기하느냐고?

'불안감'이 있고, 없고의 차이는 '미래'가 있고, 없고의 차이다. 물론 여기서 미래란 어떤 특별한 사람들만이 가질 수 있는 것이 아닌 누구나 가질 수 있는 것이다. 누구나 자유롭게 자신의 미래를 상상하고 꿈꿀 수 있다. 그 누구도 방해할 수 없다.

스스로 꿈꾸는 미래가 없는 사람은 불안하지 않다. 현실이 불만스럽고, 짜증스럽고, 화가 날 수는 있어도 불안에 떨지는 않는다. 미래에 어떤 사람으로, 어떤 모습으로 살고 싶은지가 없으니 불안할 이유가 없다. 하지만 미래가 있으면 다르다. 상상하는 '미래'가 있는 사람들은 그 미래를 만들기 위해 목표를 설정한다. 모든 목표는 마음먹은 대로 잘 이루어지지 않는다. 그래서 불안감이 생긴다. 목표는 저만치에 있는데, 현재의 나는 한 걸음도 앞으로 나가지 못하고 제자리걸음을 할 때 괴리감이 생겨 불안해지는 것이다.

자, 소박하나마 자신의 '미래'를 그려 보았다면 나는 이제 열심히 사는 사람으로 바뀔까? 전혀 그렇지 않다. '미래'가 바로 '불안감'이 되는 것은 아니다. 인간은 합리화에 능숙한 동물이다. 마음 한구석에서 스멀스멀 올라오는 '불안감'을 무시하고 꾹꾹 눌러놓을 수 있다. 아주 소수의 사람들만이 그 '불안감'이 폭발하도록 둔다. 그리고 그들만이 '불안감'을 추진력 삼아 하루하루를 치열하게 살아간다. 나는 이 책을 통해서 말하고 싶다.

'미래'를 찾아서 '불안감'의 씨앗을 키워라.

그리고 그 '불안감'을 터트려라.

남이 해줄 수 없는, 오로지 자신의 힘으로 해야 한다.

그게 축구선수였던 내가 서울대학교에 갈 수 있었던 비결이다.

'미래'를 찾고 '불안감'을 터트리는 것은 오직 자신만이 할 수 있다. 내가 도와줄 수 있는 것은 내 '미래'를 찾아가는 과정과 '불안감'이 폭발하는 순간을 보여 주는 것에 불과하다. 힘들겠지만 스스로의 힘으로 해야 한다.

나는 힘겹게 들어간 용인외고 1학년을 마칠 즈음 자퇴했다. 검정고시를 봐야 내가 목표로 삼았던 서울대를 갈 수 있다고 판단했기 때문이다. 하지만 분명 공부하기 위해 자퇴했는데도 시간이 지날수록 공부와 멀어졌다. 독서실보다는 PC방에서 게임을 하며 현실을 외면하며 지냈다. 그러다 우연히 교보문고에서 베스트셀러 작가가 된 고등학교 친구들을 만나고 나서야 현실로 돌아올 수 있었다. 인정하기 싫었던 나의 현실을 똑바로 쳐다볼 용기가 생긴 것이었다.

마주한 나의 현실은 끔찍했다. 한마디로 '망했다'는 생각뿐이었다. 겨우 열여덟 살의 나이에 최종 학력은 중학교 졸업. 미래가 그려지지 않았다. 지금 이 순간도 당시를 상상하면 숨이 막힐 정도이다. 현실을 인정하고 바라본 미래는 너무나도 불안해 미쳐 버릴

지경이었다. 대학교를 가려면 우선 고등학교 졸업 검정고시에 합격해야 했으며, 검정고시를 합격한다 하더라도 준비해야 할 수능 과목들이 막막했기 때문이다. 외고에 들어가면 당연히 해외로 유학을 갈 줄 알았던 나는 학교 내신 성적은 전혀 신경 쓰지 않았다. 수리, 외국어, 언어, 과학탐구 영역 중 그 어떠한 영역에서도 아는 게 하나도 없었다. 말 그대로 수능을 위한 공부는 단 한 글자도 하지 않은 것이다. 당시의 불안감을 책으로 쓰라고 하면 100장도 넘게 쓸 수 있다. 아직도 그때를 상상하면 속이 먹먹해질 정도다.

그런 불안감을 어떻게 극복할 수 있었을까? 게임을 하면서도 불안감을 떨쳐 버릴 수 없었다. 현실과 마주한 내 미래를 본 순간 아무리 무시하려 해도 예전처럼 불안감을 잠재우기가 힘들었다. 결국 나는 스멀스멀 피어오르는 불안감을 무시할 수 없는 시점에서 방황을 끝냈다. 그리고 공부를 시작했다.

불안감을 무시할 수 없는 순간, 불안감이 폭발해 더 이상 견딜 수 없는 순간이 바로 공부를 시작할 수 있는 시작점이다. 누구라도 다 똑같다. 다만 누가 그 불안감을 오래 무시할 수 있는가에 따라서 인생이 바뀌는 시기가 달라질 뿐이다.

멘토링을 하며 만난 수많은 아이들만 보더라도 그렇다. 3박 4일 동안 아이들이 지식을 배운다면 얼마나 배우겠는가? 고작 4일인데. 그 아이들이 와서 배우는 것은 거의 없다. 다만 현실을 직시하고, 눈앞에 있는 서울대학교 멘토들과 자신과의 괴리감을 직접 느끼면서 무시해 오던 가슴 한 켠의 불안감이 폭발하는 것이다. 그리고 그제야 달라진다.

'불안감'은 공부를 하게끔 하는 가장 강력한 원동력이다. 그러니 불안하다면 오히려 다행스러워 할 일이다. 불안감을 정면으로 마주하고 인정하는 순간부터 공부를 시작할 수 있으니까. 여기까지 읽으면서 자신의 미래를 상상하고, 불안감을 느끼기 시작했다면 맨 앞에서 이야기했던 이 책을 읽을 독자는 다음과 같이 바뀌어야 한다.

이 책은 공부에 미칠 학생들을 위한 책이다.
이 책은 오늘이 마지막 하루인 것처럼 공부할 학생들을 위한 책이다.
이 책은 내일이 있는 학생들을 위한 책이다.

모두가 각자의 불안감을 극대화시키고 끝까지 버텨 공부에 지지 않기를 바란다.

차 례

제2장. 솔직히 너,
진짜 최선을 다한 거냐?

제4장. 공부에 정답은 없다, 무조건 하는 수밖에!

제1장

축구 밖에 모르던 자퇴생,
서울대에 입학하다

나는 당연히
축구선수가 될 줄 알았다

단 7분 만에 두 골 먹힌 골키퍼

축구를 처음 만난 것은 초등학교 4학년 때이다. 운동을 무척 좋아했던 내가 처음 시작했던 운동은 육상이었다. 주 종목은 100미터, 200미터, 800미터였는데 멀리뛰기나 높이뛰기, 투포환, 원반 등과는 달리 오로지 빠르기로만 승부를 보는 종목이었다.

나는 빨랐다. 적어도 육상 대회에 나가 뚜렷한 성과를 내지 못하기 전까지는 그렇게 생각했다. 하지만 열심히 노력해도 성적이 좋지 않았고, 결국 내 수준은 교내 대회에서나 먹히는 정도라는 것을 인정할 수밖에 없었다.

어정쩡한 빠르기로는 육상에서 가능성이 없다는 것을 알고 육상을 접었다. 마침 학교에 축구팀이 새로 생겼다. 육상이 아니라면 축구는 어떨까? 비록 육상에서는 어정쩡한 빠르기였지만 축구에서는 그만한 빠르기면 해볼 만하다는 생각이 들었다. 축구팀 코치님도 나의 빠르기에 매력을 느꼈다. 그렇게 나는 육상에서 축구로 전향했다.

전향은 순조로웠다. 문제는 축구팀에 들어간 후 불거졌다. 달리기 속도는 빨랐지만 막상 투입시키자니 마땅한 포지션이 없었다. 첫 3개월 동안은 포지션을 찾기 위한 고군분투가 이어졌다.

처음에는 속도가 가장 강력한 무기가 될 수 있는 원톱(공격수)으로 뛰었다. 하지만 작은 키가 발목을 잡았다. 당시 내 키는 육중한 몸집을 자랑하는 수비 선수들의 턱 밑에도 채 닿지 않을 정도로 작았다. 공격으로 투입되는 대다수의 공이 공중 볼이라는 것을 감안했을 때, 키가 작으면 수비수와 볼 경합을 하는 데 매우 불리하다. 또한 기본기조차 갖춰지지 않은 볼 트래핑 실력도 문제였다. 치열하게 볼 경합을 해야 하는 상황에 자주 노출되는 공격수에게 형편없는 볼 트래핑 실력은 치명적인 아킬레스건이었다. 결국 공격수로서 탈락이었다.

기본적인 볼 관리가 안 되는 내가 갈 수 있는 유일한 포지션은 골키퍼였다. 하지만 골키퍼로서의 데뷔전에서 나는 겨우 7분 만에 두 골이나 먹히면서 바로 교체를 당했다. 혹시 축구를 잘 모르는 사람들을 위해 골키퍼의 역할을 간단하게 설명하자면, 팀이 사기 증진을 위해 말이 많아야 한다. 무엇보다도 골을 안 먹히도록 골대를 잘 막아야 한다. 물론 나는 말이 매우 많고 목소리도 아주 컸다. 하지만 가장 중요한 역할, 상대방의 골을 막는 데 실패했다. 그것도 말도 안 되게 어이없는 골들을 먹히면서 팀원들의 사기를 저하시키고 말았다. 그렇게 나는 단 7분 만에 골키퍼 자리에서 물러나야 했다.

결국 최종적으로 나에게 주어진 포지션은 오른쪽 윙백이었다. 기본적인 볼 소유가 안 되고, 볼 트래핑이 안 좋고, 체구가 작아 공중 볼 경합이 안 되는 내가 가장 팀에 폐를 덜 끼칠 수 있는 포지션이었기 때문이다. 결코 내가 수비를 잘해서가 아니었다.

윙백 교체 멤버로 축구를 시작한 나는 뒤늦게 공에 대한 감각을 익혀 나갔다. 일찌감치 축구를 시작한 다른 팀원들에 비해 뒤처져도 한참을 뒤처진 상태였다. 그래서인지 나에 대한 기대치가 많이 낮았고, 이 또한 큰 장점으로 작용했다.

보통 골을 넣거나 절체절명의 위기에서 상대방의 공격을 효과적으로 저지했을 때 박수갈채가 쏟아진다. 하지만 나는 그저 나에게 온 공을 무사히 팀원에게 패스하기만 해도 박수갈채를 받았으며, 상대방의 공을 뺏지 못하더라도 공을 건드리기만 하면 환호가 이어졌다. 그렇게 나는 축구에 대한 감을 차근차근 쌓아가기 시작했다.

4학년 때는 내내 벤치를 지키는 신세였다. 그랬던 내가 5학년이 되면서 드디어 주전이 되었다. 열심히 연습해 기본기도 많이 향상되었고, 6학년 선배들이 졸업하면서 공백이 생긴 덕분이다. 포지션도 바뀌었다. 어떠한 경우에도 무한한 격려를 받는 오른쪽 윙백이 아닌, 막중한 책임을 져야 하는 미드필더를 맡게 되었다.

졸업생이 나가고 새로 출발한 우리 팀의 첫 시즌 목표는 오로지 1승. 내가 초등학교 4학년 때 처음 생긴 우리 팀은 지역 최약체로 만년 꼴찌를 도맡았다. 큰 점수 차로 대패하느냐, 아슬아슬하게 패하느냐의 문제일 뿐, 패배는 항상 우리 팀의 몫이었다. 그런 우리 팀이 드디어 '1승'이라는 소박한 목표를 설정한 것이다. 놀랍게도 1승은 매우 빠른 시간에 찾아왔다. 시즌 시작과 동시에 참가한 권선구청장배 대회에서 우리는 믿지 못할 놀라운 기록을 달성했다.

약 20여 개의 지역 초등학교, 총 300여 명의 초등학생들이 모인 가운데 대회가 시작되었다. 바로 대진표가 작성되었다. 호명되는 팀의 반응은 제각각이었다. 상대 전적에서 우위에 있는 팀은 환호하는 반면에 열위에 있는 팀은 탄식을 내뱉었다. 우리 팀은? 1승을 목표로 세우긴 했지만 지는 것에 익숙해 별 생각이 없었고, 마냥 축구를 좋아하는 행복한 초등학생이었다. 학교 수업을 빠지고 축구를 할 수 있다는 사실에 마냥 즐거웠던 우리는 대진표에 학교가 하나하나 채워져 갈 때도 공놀이를 하느라 정신이 없었다. 사실 대진이 어떻게 작성되든 우리는 오전에 있는 예선 첫 경기를 마치고 집에 갈 것이 분명했기 때문이다.

하지만 예선전에서 모두가 놀라는 일이 벌어졌다. 만년 꼴찌인 우리 팀이 압도적인 경기력의 차이를 보여 주며 본선에 올라간 것이다. 모두가 놀랐고, 당사자인 우리는 소름이 돋을 정도로 놀랐다. 우리는 지는 게 익숙했고, 지는 게 일상이었다. 하도 많이 져서 져도 상처를 받지 않는 우리였다. 그런데 승리라니. 첫 승을 거두고 우리 스스로도 어떻게 받아들여야 할지 몰라 당황했다. 얼떨떨한 상태에서 첫날 열린 예선 경기를 모두 소화했고, 세 경기 모두 이기며 다음 날 열릴 본선 명단에 가장 먼저 '상촌 초등학교' 이름을 올릴 수 있었다.

아직도 생생하다. 경기가 끝난 후 우리는 당시 코치님이었던 최은호 선생님 댁으로 향했다. 작은 방에 옹기종기 둘러 앉아 우리는 중국 음식을 시켜서 먹었다. 그리고 그날 벌어진 믿을 수 없는 일들에 대해서 이야기하며, 다음 날 있을 본선에 대한 의지도 다잡았다.

이튿날, 상촌 초등학교 역사상 처음으로 축구부가 이틀 연속 학교를 빠지는 이변이 일어났다. 이어진 본선 경기에서 우리 팀은 결코 운으로 올라온 게 아니라는 것을 보여 주었다. 상대팀들을 때로는 가볍게, 때로는 힘겹게 이기며 결승에 올라갔다. 사실 예선전을 치를 때만 해도 실력보다는 운이 따랐다고 생각했다. 그런데 본선에서도 승리를 이어가며 우리는 그제야 우리 팀의 실력이 향상되었다는 것을 실감할 수 있었다.

결승에서 만난 학교는 호매실 초등학교였다. 호매실 조등학교는 우리 학교에서 걸어서 30분 거리에 있어 서로를 연습 상대로 자주 초대해 경기를 치르던 라이벌이었다. 아니, 라이벌이라는 표현은 적합하지 않다. 연습 경기를 할 때마다 호매실 초등학교는 우리와 현격한 수준 차이를 보이며 패배를 안겨 주었기 때문이다.

하지만 기분 탓이었는지 몰라도, 그날 만큼은 무엇인가 다르게 느껴졌다. 넘을 수 없을 것처럼 여겨지던 거대한 그들이 그저 또래의 선수로 보였다. 넓은 운동장에 서서 보니 한없이 작은 아이들이라는 생각이 들었다.

서로를 너무 잘 아는 양 팀은 경기가 시작됨과 동시에 탐색전도 없이 치열하게 공격을 주고받기 시작했다. 모두 예상한 것과는 다르게 첫 득점은 우리 것이었다. 1승을 시즌 목표로 했던 우리가 어쩌면 우승을 할 수도 있다는 가능성에 심취해 우리는 조금씩 흥분하기 시작했다. 그것이 화근이었다. 매년 결승에 진출하던 팀답게 호매실 초등학교는 전반전이 끝나기도 전에 1대 1 동점을 만들었으며 후반이 시작됨과 동시에 치열한 맹공을 펼쳐 추가 득점에 성공했다. 그리고 경기는 끝났다. 첫 득섬을 지키지 못한 우리는 결국 2대 1로 역전패했고, 호매실 초등학교에 대한 트라우마는 더욱 커졌다.

국가대표 황의조와 함께했던 짜릿한 우승

호매실 초등학교와 다시 마주하게 된 것은 일 년이 지난 후였다. 지난 일 년 동안 크고 작은 각종 대회에서 항상 3위권에 입상한 우리는 어느덧 지역 강호가 되어 있었다. 이제는 우리 팀을 분석하기 위해 종종 다른 학교 코치가 구경 올 정도였다. 당시 우리 팀은 열한 명 모두 기량이 뛰어났다. 모두 어딜 가나 빠지지 않을 정도로 대단했지만 유독 한 명이 더욱 주목을 받았다. 현재 대한민국 국가대표 팀에서 활약하고 있는 황의조 선수였다.

의조는 당시 4학년이라고는 믿기지 않을 정도로 큰 체구와 빠른 스피드를 가지고 있었다. 6학년보다도 체구가 컸고, 볼을 다루는 솜씨가 능수능란해 상대팀이 전담마크를 붙일 정도로 뛰어난 선수였다. 그렇게 탄탄한 라인업을 구축하고 있었음에도 지난해 결승에서 2대 1로 패하며 2위에 머물렀던 것이다.

올해만큼은 꼭 우승하겠다는 의지를 불태우며 경기에 임했다. 당시 쌍세마차라는 별명을 얻을 만큼 축구 명문으로 불리던 세류 초등학교, 세곡 초등학교를 본선에서 연달아 꺾으며 결승에 진출할 수 있었다. 물론 경기가 쉬웠던 것은 아니다. 아직도 세곡 초등학교와의 4강전이 어제 일처럼 생생하게 기억난다.

전·후반 동안 승부를 내지 못한 세곡 초등학교와 우리는 승부차기에서 결판을 내야만 했다. 당시 주장이었던 나는 첫 번째 키커로 나섰다. 중요한 경기에서 첫 승부차기를 해야 했던 나는 극도의 긴장감 속에서 공을 내려놓았다. 그리고 심판의 호각을 기다렸다. 호각을 기다리는 동안에도 나는 골키퍼의 눈을 절대로 쳐다보지 않았다. 오로지 공만을 바라보았다. 호각이 울리고 공을 차기까지 한참이 걸린 것 같았다. 공을 향해 달려가는 한 발, 한 발이 슬로 모션처럼 느껴졌고, 공에 발이 닿는 순간 내 시선은 천천히 골대 쪽으로 돌려졌다. 그리고 그 순간 승부차기 성공을 알 수 있었다. 키퍼는 이미 반대로 몸을 날렸기 때문이다.

승부차기란 키커에게 커다란 부담감이다. 11미터 떨어진 거리에서 고작 골키퍼 한 명이 지키는 골대에 골을 넣는 것은 매우 쉬운 일이다. 하지만 쉽다는 것을 알기에 실패에 대한 부담감은 증폭된다. 반대로 골키퍼의 입장에서 승부차기를 막지 못하는 것은 당연한 것이다. 그렇기에 골키퍼는 상대적으로 부담을 덜 느끼는 상태에서 승부차기에 임할 수 있다. 이런 상황을 잘 알고 있었기에 코치는 우리에게 특별한 주문을 했다. 초등학교 리그에서는 부담감의 차이로 인해서, 키커가 골키퍼의 시선을 마주했을 때 실패 확률이 매우 높아진다. 그래서 우리 팀은 오로지 공과 '나'만을 생각하며 승부차기에 임하라는 주문이었다.

양 팀 키커 모두 능숙했다. 물론 키퍼도 수준급의 실력이었지만, 초등학생에게는 버거운 크기의 골대였던 것이다. 한 명, 한 명이 긴장감 속에서 무사히 성공을 시키고 팀원들은 골키퍼의 선방을 위해 기도했다. 양 팀 키커는 완벽했다. 그렇게 피가 말리는 땡땡

한 구도 속에서 여덟 번째 키커가 나섰다. 우리 키커로 나선 사람은 바로 골키퍼인 이현수였다. 골키퍼의 특성상 강력한 킥을 가지고 있었기에 우리는 걱정하지 않았다. 방향을 알고도 막을 수 없을 정도로 공의 세기가 엄청났기 때문이었다.

호각이 울리고 현수가 공을 찼다. 깡! 공이 골대를 맞추는 소리가 들렸다. 너무나 긴장한 나머지 고개를 숙이고 있었던 나는 공이 어떻게 됐는지 미처 확인하지 못했다. 겨우 고개를 들고 쳐다보니 공은 골대 안이 아닌, 밖에서 힘없이 튕기고 있었다. 하지만 그 어느 곳에서도 환호가 터져 나오지 않았다. 그리고 심판이 호각을 불었다. 골을 알리는…. 엄청난 세기로 날아간 공은 골대를 맞추고 안쪽으로 들어갔다가 스핀으로 인해서 튕겨 나온 것이다. 심판은 공이 골라인을 완벽하게 넘었다고 판정했고, 우리는 한 번의 고비를 넘길 수 있었다.

안도의 한숨을 내쉰 현수는 곧바로 골키퍼의 위치로 향했다. 그 순간만큼 현수가 커보인 적은 없던 것 같다. 골대를 가득 메운 현수는 상대 키커의 움직임을 완벽하게 읽었다. 그리고 골대의 오른쪽으로 날았다(현수는 왼쪽으로는 반응이 느리지만, 오른쪽으로는 엄청난 반응 속도를 가지고 있는 골키퍼였다). 현수는 바닥으로 낮게 깔려 오던 공을 쳐서 골대 밖으로 밀어냈다. 현수의 날이었다. 현수는 상대 팀의 기라성 같은 키커를 막아내며 우리 팀의 결승 진출을 견인했다.

결승전이 시작되던 무렵 비가 추적추적 내리기 시작했다. 물을 머금은 잔디 위에서 공은 우리가 예측할 수 없는 형태로 튀었다. 불규칙적인 공의 바운드에 채 적응도 하기 전에 수비에서 실책이 나왔다. 아마도 축구를 좋아하는 학생이라면 다 알 것이다. 물 머금은 인조잔디에서 공은 정상적으로 튀기지 않고 쭈욱 밀리면서 나간다. 그리고 날아오는 공의 예측 낙하지점에서 공은 기이한 형태로 미끄러져 나간다는 것을….

우리 수비는 미끄러지는 공을 맞추지 못하고 헛발질을 했다. 그렇게 수비수 뒤 공간으로 떨어진 공을 낚아챈 상대 공격수는 손쉽게 첫 골을 넣을 수 있었다. 그로부터 한참을 상대에게 농락당했다. 체계적인 훈련을 통해 상대 팀은 이미 물 먹은 잔디에서 어떻게 대처해야 하는지 잘 알고 있었던 것이다. 약 10분간의 사투 끝에 서서히 적응한 우리 팀은 짧은 패스보다는 롱 킥을 통해서 공격을 전개해 나갔다. 덩치가 컸던 의조의 머리를 겨냥해서 킥이 올라가면, 의조는 공중 볼 경합을 통해서 수비 뒤 공간으로 공을 떨어뜨렸다. 그러면 발 빠른 내가 수비 뒤 공간에 떨어진 공을 어떻게든 골대에 욱여넣는 것이 우리의 작전이었다.

처음 한두 번은 효과가 있었지만 같은 패턴으로 공격을 계속하자 상대 팀은 우리의 수를 읽고 완벽하게 의조를 봉쇄하기 시작했다. 그러던 어느 순간, 우리 팀 미드필더가 롱 킥으로 날린 공이 나를 향해 날아왔다. 나와, 나보다 미리 하나기 더 큰 상대 팀 수비수는 골을 바라보며 공중 볼 경합을 준비했다. 평소에 지레 겁먹고 몸싸움을 피했던 나는 몸을 띄웠다. 순간 내 몸이 날아가는 것을 느꼈다. 단단하고, 육중한 수비수의 몸에 부딪힌 나는 공에는 가까이 가지도 못하고 튕겨져 나간 것이다. 상대편 수비수도 마찬가지였다. 비록 체구가 작은 나였지만 공중에서의 몸싸움으로 인해서 날아오는 공에 머리를 갖다 대지 못한 것이다.

수비수 뒤 공간으로 떨어진 공을 잡은 것은 의조였다. 그리고 곧 의조의 동점골이 터졌다. 상대 수비수와 볼 경합을 하다 넘어진 나는 의조가 골을 넣는 장면을 미처 보지 못했다. 하지만 골대 안에 들어가 있는 공을 보고 미친 듯이 소리 지르며 환호했다. 그렇게 전반전이 끝나는 듯 했다. 하지만 전반 추가 시간에 우리 팀은 코너킥을 얻었고 수비수를 비롯한 모든 장신 선수들이 투입되었다. 또래보다 한 뼘 정도 작았던 나는 흘러나오는 세컨볼을 대비해서 패널티 박스 밖에 있었다. 주심의 호각이 울리고 코너킥이 이어졌다.

지금도 그때의 장면을 생생하게 표현할 수 있다. 양 팀의 장신 선수들이 헤딩 경합을 위해서 뛰어올랐고, 무척이나 작았던 나에게는 거대한 장벽처럼 보였다. 큰 포물선으로 날아오던 공은 그 장벽에 부딪혀 내 앞으로 떨어졌다. 순간 나는 침착할 수 밖에 없었다. 모두가 차지하고자 했던 공이 내 앞에 떨어지자 모든 사고가 멈출 정도로 나는 당황했다. 그리고 그때 본능적으로 몸이 움직였다. 작은 키로 줄곧 패널티 박스 밖에서 세컨볼을 연습하던 나에게 똑같은 상황이 벌어졌고, 내 오른발은 무의식중에 공을 향해 뻗어 나갔다. 오른발에 가볍게 얹힌 축구공은 앞으로 뻗어 나갔고 곧 장벽에 가려 보이지 않았다. 곧이어 환호가 들렸다. 전반이 끝나는 시점에 우리가 역전을 한 것이다. 세리머니는 없었다. 나는 촐랑거리며 '내가 넣었다'를 연거푸 외치면서 코치에게 달려갔다. 후반전은 양 팀 모두 득점 없이 끝났고, 우리는 상촌 초등학교 개교 이래 첫 우승을 거머쥘 수 있었다.

미국 유소년 득점왕을 받아주는 중학교는 없었다

첫 우승을 경험한 뒤로도 우리 팀은 여러 번 우승 트로피를 거머쥐었다. 개인적으로는 크고 작은 대회에서 '득점왕' 타이틀을 얻었다. 마냥 행복했다. 그저 빨리 달릴 줄만 알았던 내가 어느새 훌륭한 축구선수로 성장했다는 자부심도 넘쳤다. 고등학교 졸업 후 바로 K리그에서 활약하는 나의 미래를 상상하며 하루하루가 즐거웠다. 그러던 어느 날, 예상치 못한 변수가 생겼다. 아버지의 개인적인 사정 때문에 온 가족이 미국으로 떠나게 된 것이다.

우리 가족은 미국에서도 더운 지역에 속하는 조지아주의 작은 도시에 터전을 잡았다. 나는 비록 영어는 한마디도 못 했지만 축구를 하면서 많은 친구들을 사귀었다. 한국에 비해 미국은 수업이 일찍 끝난다. 축구를 좋아하는 나는 당연히 수업이 끝나면 곧장 학교 축구 팀 연습에 참가했다. 학교 팀 연습이 끝나면 바로 지역 YMCA 유소년 팀에서 연습을 했다. 작은 도시였기에 전문적인 축구선수를 꿈꾸는 학생이 별로 없었고, 나와 우리 형은 'Lee brothers'로 금방 유명해질 수 있었다. 전학 온 한국 학생 두 명이 소속 중학교를 단숨에 지역 1위로 만든 것이다. 심지어 매 경기마다 모든 골에 우리 형제가 관여를 하면서 시즌 중반에는 지역 언론매체에 소개될 정도였다.

활약은 학교에서 그치지 않고 YMCA 유소년 클럽 팀에서 더욱 도드라졌다. 입단 테스트를 마치고 합류한 YMCA-Sidekicks는 당시에 3부 리그에 속해 있었다. 총 7부 리그까지 있는 것을 감안했을 때, 거의 중간 수준이었다. 그로부터 정확히 6개월 뒤 우리 팀은 리그 1위를 사수하며 2부 리그로 승격했다. 그리고 또 6개월이 지나자 우리는 지역 최고 명문 구단들과 어깨를 나란히 하며 1부 리그로 올라갈 수 있었다.

마지막 경기가 끝나고 나가려는데 선글라스를 낀 건장한 미국인이 나에게 다가왔다. 자신을 1부 리그에서도 상위권에 있는 애틀랜타 팀의 담당 코치라고 소개한 그는 명함을 건네며 이야기를 이어갔다. 최근 새로운 선수를 물색하던 중에 우연히 Kohl's Atlanta Cup 결승전을 보았다고 한다. 그 경기에서 스카우팅 보고서에는 없지만 유독 눈에 띄는 선수가 있었다고 한다. 이후 그는 세 경기를 더 따라다니며 우리 팀의 경기를 보았고, 비로소 오늘에서야 이렇게 스카우트 제의를 한다고 웃으며 말했다. 나는 일말의 고민 없이 이렇게 대답했다.

"쏘리, 아이엠 고잉 백 투 코리아(Sorry, I'm going back to Korea)!"

약 1년 4개월간의 미국 생활을 끝내고 우리 가족은 한국으로 돌아갈 예정이었다. 아마 그렇지 않았다면 냉큼 스카우트 제의를 받아들였을 것이다. 비록 좋은 기회는 놓쳤지만 아쉽지는 않았다. 나름 화려했던 미국에서의 경력이 한국에서 축구선수가 되는데 큰 도움이 될 것이라 기대했기 때문이다. 나는 오랫동안 그리던, 국가대표라는 꿈을 품은 채 가벼운 발걸음으로 한국에 돌아왔다.

그러나 기대는 완전히 빗나갔다. 한국에 돌아온 지 얼마 안 돼 나는 전혀 예상하지 못했던 현실을 접하고 크게 좌절했다. 미국에서 학교 팀을 지역 대회 1위로 만들고, 3부 리그 팀을 1부 리그까지 승격시킨 공헌이 한국에서는 인정되지 않았다. 아니, 그 어떠한 자료도 활약을 증명할 수 없었던 것이다. 바로 미국이라는 장소에서 이루어졌기 때문이다. 당시 축구선수를 준비하는 학생들이 유학을 간다면, 100명 중 100명은 반드시 브라질 상파울루로 갔다. 지금은 스페인 바르셀로나, 영국 런던 등으로도 가지만, 그 당시에는 무조건 브라질이었다. 하지만 나는 미국이었고 심지어 매우 작은 도시였기에, 한국에 있던 축구부 감독님들은 당연히 나를 받아주지 않았다. 지역에서 축구로 유명했던 율전 중학교, 매탄 중학교를 비롯한 모든 학교로부터 입단을 거절당했다.

우리나라의 스카우팅 보고서는 거의 소속 팀 감독과의 친분이나 실제 경기 관람을 통해서 이루어지는데, 이제 막 한국으로 돌아온 나에게는 이 두 가지 모두 거리가 멀었다. 나름 신흥 명문으로 떠오르는 상촌 초등학교에서 팀 주장을 했어도, 우리 팀 코치님은 전문 감독 출신이 아니었다. 단지 체육 선생님이라는 이유로 축구부를 맡은 분이어서 축구 명문 중학교들과도 별다른 친분이 없었다. 그렇다고 내가 어느 팀에 소속되어 있어서 경기를 보여 줄 수 있는 것도 아니었다. 그런 내가 할 수 있는 거라곤 해당 학교 축구부에 전화를 하는 일이 전부였다.

"저…, 축구부 들어가고 싶어서 전화했는데요…."

"학생 몇 학년이야?"

"중학교 2학년이에요."

"그럼 힘들겠는데? 우리는 초등학생 때부터 발굴해서 데려오는 거라…."

대부분 초등학교 때부터 눈여겨본 뒤 데려온다고 했다. 결국 거절이었다. 당시에는 감독님들이 야박하게만 느껴졌다. 축구선수 외에 다른 길은 생각조차 해보지 않았기에 감독님들의 거절은 마치 죽으라는 사형 선고를 내리는 것만 같았다. 부푼 꿈을 안고 다시 돌아온 한국에서의 생활은 이렇게 암울하게 시작되었다.

전교 최하위권의
용인외고 도전

중학교 첫 시험, 충격의 전교 330등

축구선수의 꿈은 너무도 갑작스럽게 포기해야 했다. 한국에 돌아와서 당장 중학교에 들어가야 하는데, 축구부가 있는 중학교에서 받아주지 않으니 나에게는 선택권이 없었다. 내 인생을 행복하게 살 수 있는 유일한 직업이라 여겼던 축구선수…. 그 꿈이 사라지자 태어나 처음으로 공허함, 허무함, 상실감을 느꼈다. 비록 중학교 2학년이라는 나이에 불과했지만 인생이 무의미하게 느껴졌고, 앞으로 어떠한 미래도 그려지지 않았다.

나는 성격이 매우 활발했던 편이었다. 그러나 꿈꿔 오던 목표를 상실하자 자연스럽게 무기력한 사춘기 소년으로 변해갔다. 밤새 게임을 하거나 하루 종일 잠만 잤다. 가끔 친구들이 불러 놀기도 했으나 딱히 '재미있다'라고 느껴지는 그 어떠한 것도 찾을 수 없었다. 그냥 다 귀찮고 무력했다. 하루가 다르게 말수가 적어지고 누군가 말을 걸어와도 곧잘 무시해 버리기 일쑤였다.

그런 아들이 못내 안쓰러웠던지 부모님은 나를 데리고 강원도로 여행을 떠났다. 횡성을 지나 고속도로를 달릴 즈음이었다. 고속도로 밖 산 끝자락에 촌스럽기 그지없는 흰 건물이 보였다. 건물 간판에는 오래전에 쓴 것 같은 낡은 한문이 적혀 있었다. 그 한문 때문에 가뜩이나 촌스러운 건물은 더더욱 현실과 동떨어진 분위기가 물씬 풍겼다.

강원도 산골짜기에 촌스럽게 높이 솟아 있는 흰 건물은 바로 '민족사관 고등학교'였다. 사실 나는 민족사관 고등학교에 대해 별다른 관심이 없었다. 아니, 잘 몰랐다는 표현이 더 어울리겠다. 그런데 공부 잘하는 학생들만 가는 우리나라 최고의 고등학교라는 부모님의 말씀을 듣자 갑자기 호기심이 생겨났다. 나는 급히 부모님을 졸라 차를 돌렸다. 직접 두 눈으로 보기로 한 것이다. 도대체 어떤 학교이길래 우리나라 최고의 고등학교라고 하는 걸까? 당시 민족사관 고등학교로 들어가기 위해서는 파스퇴르 공장을 지나쳐야 했다. 나중에 알고 보니 파스퇴르가 민족사관 고등학교를 지원하고 있었다. 파스퇴르 공장을 지나 마주한 민족사관 고등학교는 유명한 학교라기보다는 전반적으로 시대에 뒤처진 산골의 작은 학교 같은 느낌이었다. 첫인상은 딱 '촌스럽다'로 표현하면 적절하다.

아무도 지키지 않는 정문을 지나 왼쪽에 운동장이 보였다. 그 순간 나는 완전히 매료당했다. 당시만 해도 우리나라 학교에는 천연잔디가 거의 없었는데, 민족사관 고등학교의 운동장에는 푸른 잔디가 펼쳐져 있었다. 게다가 인조잔디도 아닌 천연잔디였다. 민사고의 운동장을 보는 순간 나는 매우 단순한 사고과정을 통해서 중대한 결정을 내렸다.

나는 축구를 좋아한다.
진짜 축구란 흙이나 인조잔디가 아닌 천연잔디구장에서 해야 제맛이다.
우리나라 대부분의 고등학교에는 천연잔디구장이 없다. 그런데 민족사관 고등학교에는 있다.
그래, 나는 민족사관 고등학교에 가야겠다!

비록 축구선수는 될 수 없어도 천연잔디구장에서 축구를 할 수 있다는 생각을 하자 오랜만에 가슴이 뛰었다. 하지만 단순히 천연잔디구장만 보고 민사고에 가고 싶다는 마음이 생긴 것은 아니다. 민사고 정문에 들어서면 오른쪽으로 흉물스러운 대리석 기둥이 줄지어 서 있다. 그 대리석 기둥이 무엇을 의미하는지 무척 궁금

하여 집에 오자마자 찾아보았다.

민사고는 노벨상 수상자의 흉상을 제작해서 얹기 위해 개교할 당시 대리석 기둥을 만들었다고 한다. 민사고가 어떤 포부를 갖고 개교했는지 알게 되자 소름이 돋았다. 노벨상 수상자를 배출하겠다는 패기와 열정을 가진 학교, 그리고 세계를 움직일 미래의 인재들이 모여 있는 곳! 나도 그 일원이 되고 싶다는 욕심이 생겼다. 마치 호매실 초등학교와의 결승전에서 반드시 이기고 싶다는 마음이 들 때와 같았다.

정말 오랜만에 내 마음 깊은 곳에서, 그간 잠재되어 있던 무언가가 꿈틀거리는 듯했다. 나는 곧바로 민사고에 들어가기 위해서는 무엇을 준비해야 할지 알아보았다. 당시의 민사고 입시는 내신 점수와 수학, 영어가 전부였다. 운이 좋게도 미국 생활을 한 덕에 영어는 그나마 자신이 있었지만, 약 7년 동안 축구선수로 살아온 나의 내신과 수학 실력이 형편없는 것은 당연했다.

하지만 아무래도 좋았다. 새로운 목표가 생기자 간만에 의욕이 솟구쳤다. 축구선수는 이미 물 건너 갔지만 지금부터라도 제대로 시작하면 넓디 넓은 민사고 운동장에서 실컷 축구를 하며 대리석 기둥의 주인이 될 것만 같았다.

2004년 8월, 나는 평촌에 있는 범계 중학교에 입학했다. 전학 간 첫날 반 아이들 앞에서 내 자신을 이렇게 소개했다.

"안녕, 미국에서 전학 온 이우빈이라고 해."

당시 전교생 중에서 미국 생활을 한 아이는 나를 포함해 단 두 명이었다. 졸지에 '뭔가 있어 보이는 아이'가 된 것이다. 이어지는 자기소개에서 이런저런 얘기를 한 나는 치명적인 실수를 하고 말았다.

"나는 민사고에 가려고 준비하고 있어."

전교생이 600여 명인 학교에서 약 3년 동안 민사고에 진학한 학생은 오로지 한 명뿐이었고, 그 선배는 반기문 사무총장의 조카였다. 그러한 전례를 알고 있기에 아이들의 눈에는 민사고를 준비한다는 내가 범접할 수 없는 존재로 비쳤을 것이다.

'민사고를 목표로 준비하고 있다'고 소개만 했을 뿐인데 나는 바로 교장실에 불려갔다. 민사고 준비 과정에 대한 얘기를 이것저것 듣고 나왔더니 이번에는 교감실에 불려갔다. 역시나 같은 레퍼토리였다. 그렇게 하루에 교장 선생님, 교감 선생님, 학년부장 선생님, 진학담당 선생님, 담임 선생님 모두와 일대일 면담을 했다. 선생님들 모두 큰 관심을 가지고 나를 바라보았다. 그렇게 모두의 기대 속에서 첫 중간고사를 치렀다.

전교 330등!

학교도 당황스럽고 나도 당황스러운 성적이었다.

결국 기적은 없었다

중간고사 결과는 충격적이었다. 실력이 부족한 건 알았지만 이 정도일 줄이야. 문득 전학 첫날 괜히 민사고 얘기를 꺼냈다는 후회가 밀려 들었다. 반 아이들 모두가 나를 비웃는 것 같았다. 이대로라면 민사고는커녕 인문계 고등학교도 들어가지 못할 것이 뻔했다. 마음이 조급해졌다.

'내가 목표를 너무 높게 잡았나…. 단지 축구 좀 잘했다고 해서 내 자신을 지나치게 과대평가한 것이 아닐까?'

착잡한 심정으로 집으로 돌아오는데, 민사고의 푸른 잔디 운동장이 눈앞에 자꾸 아른거렸다. 그곳에서 더할 나위 없이 행복한 표정으로 잔디구장을 뛰어다니는 내 모습이 도통 머릿속을 떠나지 않았다. 생각하면 할수록 이대로 포기할 수는 없다는 마음이 더욱 커졌다. 결국 나는 한 번 더 독하게 해보기로 마음먹었다. 민사고만 바라보며 살기로 한 것이다. 생전 처음 해보는 결심이었다.

이후 나의 하루 일과는 치열했다. 새벽 6시에 일어나서 준비하고 7시쯤 학교에 일찍 도착해 미리 공부를 시작했다. 오후에 학교 수업을 마치면 바로 집으로 돌아와서 매일 4시부터 5시까지 낮잠을 잤다. 민사고 입시가 끝나기 전까지 나는 단 한 번도 낮잠을 게을리한 적이 없다. 일어나서 준비하고 학원에 가면 6시, 그때부터 밤 12시까지는 내내 수학만 공부했다. 12시부터 새벽 2시까지는 자습실에 남아서 반드시 두 시간 동안 스스로 공부하는 시간을 가졌다.

그렇게 하루 평균 4~5시간씩 자며 일 년을 버텼다. 축구를 하느라 한 번도 장시간 공부를 해본 적이 없던 내가 어떻게 버틸 수 있었는지 사실 신기하다. 민사고를 가겠다는 분명한 목표가 없었다면 아마 그 시간들을 버텨내지 못했을 것이다.

그렇게 치열한 시간을 보낸 결과는 어떠했을까? 매일 6시간씩 수학만 공부한 결과 내 수학 성적은 전교 150등에서 전교 13등까지 단숨에 올라갔다. 물론 일 년 동안 수학만 집중적으로 공부했기 때문에 다른 과목은 신통치 않았다. 그렇지만 수학만큼은 자신감이 붙었다. 쉽지는 않겠지만 잘만 하면 민사고에 붙을 수도 있다는 생각까지 들었다. 과연 내가 진짜 민사고에 합격했을까?

이미 전국 최고의 고등학교로 인정받는 민족사관 고등학교에는 매년 3천여 명의 학생들이 지원한다. 첫 번째 관문인 민족사관 고등학교 수학 경시대회에서 반 정도가 떨어지며, 다음 2차인 서류전형에서는 3배수만이 살아남는다. 운이 좋게도 나는 서류전형을 통과하였으며 면접도 치를 수 있었다.

하지만 거기까지였다. 민사고에 지원하는 학생들 대부분이 각 학교를 대표하는 전교 1, 2, 3등인 것을 감안했을 때, 전교 330등인 내가 서류전형을 통과한 것 자체가 이미 기적이었다. 아무리 수학 실력이 단시간에 향상되었어도 고작 일 년을 준비해 민사고에 합격한다는 것은 처음부터 불가능에 가까운 일이었다. 당시 한께 민사고를 준비하던 20여 명의 친구들 중 단 세 명만이 최종 합격했다. 당연히 나는 불합격이었다. 돌이켜 생각해 보니, 당시 나를 제외한 모두는 내가 불합격하리라 예상했던 모양이다. 불합격 소식에 아무도 동요하지 않았던 것을 보면 말이다.

그럼에도 노력은 배신하지 않는다

민사고에 떨어진 후 나는 또다시 실의에 빠졌다. 일 년 동안의 노력이 물거품이 된 것 같아 허탈했다. 하지만 마냥 넋 놓고만 있을 수는 없었다. 더 늦기 전에 얼른 다른 대안을 찾아야 했다.

나는 유력한 대안으로 한국외국어대학교의 부속기관인 용인외국어 고등학교를 떠올렸다. 현재 용인외고는 전국 최고의 고등학교 중 하나로 꼽힌다. 민사고 못지않게 수재들이 모이는 학교인데, 고작 전교 330등이 지원했다는 게 아마 납득이 잘 안 갈 것이다. 지금이야 일류 고등학교로 명성을 떨치고 있지만, 내가 지원하던 당시만 해도 용인외고는 이제 막 신설된 고등학교였다. 넓은 학교 부지, 최신 설비 등으로 유명했지만, 증명되지 않은 명문대 진학률이 가장 큰 문제였다. 그렇기에 정원 350명 중 250여 명은 전교 1, 2, 3등만을 차지하던 상위권 학생들로 채워졌지만, 나머지 100개의 공석은 나처럼 내신이 안 좋은 학생들이 쟁취할 수 있는 자리였던 것이다.

민사고에 떨어진 후 얼마 되지 않아 '특별전형'이 있었다. 불합격의 아픔을 맛본지 얼마 안 되어서일까? 면접에서 유난히 떨었던 나는 이렇다 할 인상을 남기는 데 실패했다. 그리고 역시나 불합격 통보를 받았다. 그로부터 2주 뒤 나는 '일반전형'으로 다시 한번 도전했다. 이미 두 번의 불합격을 받아서인지 더는 긴장이 되지 않았다. 그렇다고 최선을 다하지 않은 것은 아니다. 다만 최악의 상황을 두 번 겪고 나니, 불합격을 해도 인생은 계속되고, 나를 제외하고는 그 누구도 내 불합격을 신경 쓰지 않았으며, 딱 일주일만 지나면 모든 것을 잊고 일상을 살아갈 수 있다는 것을 알았기 때문이다.

한결 편안한 마음으로 면접장으로 향했다. 모두가 생각하는 입시 면접은 딱딱한 분위기 속에서 지적 능력을 평가하는 것이라고 생각하겠지만, 결국은 선생님과 학생의 만남이다. 나는 마치 담임 선생님을 대하듯이 편한 분위기 속에서 면접을 봤고, 20분이라는 시간이 금방 지나갈 정도로 즐거운 대화를 이어갔다. 면접이 끝날 때쯤 면접관 선생님이 나에게 물었다.

"우빈 학생은 왜 이렇게 침착해요? 중학교 3학년 같지가 않네."

"여러 번 떨어져보니까 불합격이 두렵지 않더라고요. 괜히 긴장하느라 내가 누군지도 못 보여 주고 나오면… 그게 후회될 것 같아서요. 그래서 오늘은 마음 편하게 평상시의 제 모습 그대로 얘기할 수 있던 것 같아요."

나는 홀가분한 마음으로 일어나 면접관 선생님께 인사를 드리고 문으로 향했다. 문을 여는 그 찰나, 면접관 선생님은 참으로 의미심장한 말을 건네셨다(물론 나만의 생각이다).

"내년에 꼭 봤으면 좋겠네요, 우빈 학생."

며칠 후 합격자 발표가 있던 날, 학기 막바지에 있던 우리는 여느 때와 다름없이 교실에서 영화를 보고 있었다. 반 친구들 모두 영화에 빠져 있을 때, 나는 혼자 책상에 엎드려 있었다. 면접 때는 아무렇지 않은 척했지만 실은 나에게 면접은 실낱같은 마지막 희망이었다. 떨어져도 괜찮다며 스스로를 다독여 봤지만 막상 불합격 통보를 받으면 또다시 깊은 수렁에 빠질 것만 같았다.

오전 11시. 발표를 한 시간 남긴 시점에 갑자기 책상 위에 있던 휴대폰이 진동했다. 아버지였다.

「우비ㄴ아 영어ㄱ나 합격」

기적적인 합격 소식에 어찌나 기뻐셨는지 아버지로부터 오타 가득한 문자가 왔다. 맨 뒷자리에 있던 나는 양손을 번쩍 추켜올렸다. 아무도 보지 못한 혼자만의 환호였다. 두 번의 불합격 끝에 겨우 합격 소식을 들으니 여러 생각이 떠올랐다. 그것은 분명 기적이었다. 비록 목표했던 민사고는 떨어졌지만 지난 일 년간의 노력이 헛되지 않았다는 생각이 들었다. 지난 일 년 동안 죽어라 공부하지 않았다면 아무리 용인외고가 신설 고등학교라고 해도 나에게까지 기회가 오지 않았을 것이다.

조금 더 나이가 든 지금은 확실히 알겠다. 노력은 결코 배신하지 않는다는 것을…. 공부는 더욱 그렇다. 공부만큼 정직한 것도 없다. 지금 한 공부가 당장 결과로 나타나지 않는다 해도 반드시 어떤 형태로든 대가가 돌아온다. 용인외고는 나의 노력에 대한 또 다른 형태의 보상이었던 셈이다.

나는…
자퇴생이다

일 년에 1억? 유학의 꿈은 저 멀리

용인외고에서의 생활은 나름 즐거웠다. 내신 점수는 형편없었지만 유학을 준비하는 국제반에 있었기 때문에 신경 쓰지 않았다. 시간은 빠르게 흘러 어느새 1학년이 다 끝나가던 2006년 12월 밤이었다. 야간 점호를 끝내고 침대에 누워 룸메이트와 두런두런 얘기를 나누고 있는데, 방문이 열렸다. 사감 선생님이었다.

"우빈아, 자니?"

"이제 막 자려고 했어요."

늦은 밤까지 안 자고 있다가 걸리면 혼났기에 졸린 척 연기를 했다. 용인외고 기숙사에서는 매일 야간 점호를 한다. 사감 선생님이 복도를 순찰하다 방문 틈 사이로 불이 켜져 있으면 들어와 벌점을 부여했다. 공부에 욕심이 많은 학생들은 그냥 두면 밤새 공부하는 경우가 많은데, 잠을 못 자면 오히려 장기적으로 공부가 안 되고, 무엇보다 건강을 해친다는 이유로 단속을 했다. 그래서 졸린 척 연기를 했던 것인데, 사감 선생님은 뜻밖의 말을 전했다.

"기숙사 앞에 부모님 오셨다. 잠깐 내려와 봐."

밤 12시가 넘어가는 늦은 시간에 부모님께서 정말로 기숙사 앞에 와 계셨다. 어렴풋이 보이는 부모님의 표정이 그다지 밝지 않아서 오랜만의 재회에도 반갑게 달려가 안길 수가 없었다. 추운 바람을 피하기 위해 차에 들어간 부모님과 나 사이에 침묵이 흘렀다. 아마도 부모님께서는 어떻게 이야기를 꺼내야 할까 몹시 난처한 듯했다. 나는 무거운 분위기에 연신 눈치만 살폈다. 매우 불편하고 길게 느껴지던 침묵이 지나고 부모님께서 어렵게 입을 여셨다.

"우빈아, 너희 학교 영어과 학생들은 보통 대학을 어디로 가니?"

"아직 졸업생이 없어서 잘 모르겠어요. 근데 거의 다 미국으로 갈 걸요? 뭐, 영국도 갈 수 있는 것 같고요."

별 생각이 없던 나는 내가 알고 있는 대로 말씀 드렸다. 다시 한번 긴 침묵이 이어졌다. 아버지는 대화를 이어 나가기 위해 더 큰 용기를 내신 것 같았다.

"음… 우빈아, 실은 지금 집 형편이… 좀 어렵단다. 마음 같아서는 너를 외국에 있는 좋은 대학으로 보내주고 싶지만… 아무래도 그건 힘들 것 같구나. 정말 미안하다…"

이후 어떤 대화가 오고갔는지 사실 기억이 잘 나지 않는다. 축구를 포기해야 했던 때의 악몽이 떠올랐다. 다시 한 번 내 안에서 무언가가 와르르 무너지는 느낌이었다. 용인외고에 입학한 후 나는 당연히 내가 아이비리그에 진학할 줄 알았다. 영어과 친구들 대부분이 자연스레 유학 절차를 밟듯이, 나 역시도 당연히 졸업 후 외국 대학에서 공부할 줄 알았다. 그냥 막연하게 아이비리그에 진학하기를 꿈꿨지만 돈이 얼마나 들지에 대해서는 생각조차 해본 적이 없던 것이다.

미국으로 유학을 가려면 돈이 얼마나 들까? 보통 한 학기 등록금이 3천만 원 선이다. 등록금만 해도 일 년에 약 6천만 원이 드는 셈이다. 여기에 최소한의 생활비가 일 년 기준으로 4천만 원가량 든다. 일 년에 1억 즉, 4년 다니고 졸업하려면 총 4억 원을 투자해야 한다. 우리 집 형편으로는 도저히 감당할 수 없는 천문학적인 금액이었다.

하늘이 무너지는 기분이었지만 받아들이는 것 외에는 도리가 없었다. 유학은 현실이었다. 가고 싶다고, 보내달라고 떼를 써서 해결될 일이 아니었다. 그렇게 나는 현실을 받아들이고 다시 한 번 꿈을 접어야 했다.

'용인외고' 타이틀을 내려놓다

그날 밤, 나는 뜬눈으로 밤을 지새웠다. 혼란스럽고 막막했지만 답은 분명했다. 이제부터는 국내 대학을 갈 수 있는 방법을 찾아야했다.

이튿날 아침 나는 교무실로 가서 담임 선생님께 상담을 요청했다. 우리 집 사정을 털어놓고, 국제반에서 국내반으로 갈 수 있는지 여쭈어 보았다. 선생님은 국제반의 경우 애초에 교과 과정이 미국 입시에 맞춰져 쉽지 않을 것이라 하셨다. 하지만 전혀 불가능한 것은 아니라고 덧붙이셨다.

선생님 말씀에 힘입어 나는 국제반에서 국내 대학에 진학하는 방법을 알아보기 위해 몇 개 대학의 입시요강을 살펴보았다. 내 인생에서 처음으로 대학교 입시를 접한 순간이었다. 모든 입시요강에서 공통적으로 등장하는 단어는 '내신'이었다. 제공되는 내신 산출표에 내 성적을 입력해 보니 이상하게도 입시요강에 등장하지 않는 숫자가 계속 나오는 것이었다. 어느 대학을 넣어도 이상하리만큼 낮은 숫자가 나왔다. 그제야 나는 '상대평가', '등급제'라는 내신 제도를 알게 되었다. 8~9등급으로 수놓아진 나의 내신 성적으로는 서울에 있는 그 어떠한 대학교도 가지 못한다는 것을 깨달았다.

패닉에 빠진 나는 전교 1등도 찾아가고, 선배들도 찾아가며 수능 입시제도에 대해서 배웠다. 결과부터 말하자면, 이후의 모든 시험에서 전교 1등을 연달아 해야 명문 대학교에 지원해 볼 수 있을 정도였다. 합격할 수 있다는 게 아니다. 단지 지원은 해볼 수 있다는 것이다.

어느 정도 국내 대학 입시에 대해서 파악하자 재빨리 내가 가진 선택지를 분석하기 시작했다. 대략 네 가지 정도의 방법을 생각해 볼 수 있었다.

첫 번째, 용인외고 국제반에서 졸업한 뒤 국내 대학으로 진학한다. 이미 신설 고등학교인 용인외고에 진학한 것만으로도 대학교 입시에서는 도박을 한 것과 다름없다. 게다가 유학을 준비하는 국제반에서 국내 대학을 준비한다? 그것은 모험심이 강한 나조차도 두려운 도박이었다. 따라서 국제반에 그대로 남는 선택권은 포기했다.

두 번째, 용인외고 국내반으로 전과해서 국내 대학으로 진학한다. 당시 용인외고 국내반에는 '학교 등수 50등이면 전국 등수 100등이다', '모의고사 만점이 전국 10명이면, 5명은 용인외고에 있다'는 괴담이 돌고 있었다. 국제반은 국내반과는 달리 내신을 절대평가하기 때문에 경쟁이 덜 치열하다. 그런데 국제반에서조차 8~9등급을 받던 내가 기라성 같은 학생들이 각축을 벌이는 국내반에서 과연 좋은 내신을 받을 수 있을까? 두려웠다. 그리고 치열한 내신 경쟁에 적응하기에는 남은 시간이 너무 짧았다. 결국은 현명한 선택이 아니라 생각하고 포기했다.

세 번째, 일반 고등학교로 전학을 간 뒤 국내 대학으로 진학한다. 일반고 전학에 있어서는 낙관적인 전망을 했다. 그래도 외고 출신이니 공부를 꽤 한다는 자부심이 있던 것 같다. 일반고에서는 전교 1등을 할 수 있을 거라 스스로를 과대평가했다. 물론 지금 돌아보면 세상물정 모르는 바보의 패기라고 볼 수 있다. 어찌 되었건 나는 남은 2년 동안 일반고에서 전교 1등을 한다고 가정을 하고 내신 산출기에 넣어보았다. 처참했다. 8~9등급으로 수놓아진 성적표를 가진 내가 고를 수 있는 대학은 별로 없었다. 명문대는 꿈꿀 자격조차 없던 것이다. 가슴이 조여오고, 소리 지르고 싶고, 무언가를 닥치는 대로 마구 던지고 싶었다. 나는 벼랑 끝에서 마지막 선택권을 두고 고민했다.

　마지막 네 번째, 학교를 자퇴 후 검정고시를 보고 국내 대학으로 진학한다. 당시로선 그 길만이 엉망진창인 내신을 지우고, 명문대라는 꿈을 실현할 수 있는 유일한 방법이라 생각했다. 물론 그 당시에는 전혀 몰랐다. 자퇴가 그렇게 힘들고 외로운 길이라는 것을…. 오직 유학을 포기하고 국내 대학을 가려면 자퇴를 할 수밖에 없다고 생각했다. 결국 나는 자퇴를 선택했다. 교복만 입고 나가도 부러움 섞인 시선을 한 몸 가득 받을 수 있는 '용인외고'라는 타이틀을 포기한 것이다. 고작 열일곱 살. 세상에 나가기에는 어리고 철없는 나이에 나는 그렇게 '학생'이라는 자격을 잃었다. 아니, 스스로 학생 신분을 내려놓았다.

부모님 몰래 독서실 대신 PC방으로

용인외고 교복은 디자이너 앙드레김이 디자인한 것으로 유명하다. 교복이 유명하다 보니 집에 돌아갈 때면 종종 학부모님들이 교복을 알아보고 질문 공세를 퍼부었다.

"우리 아이가 특목고 준비하고 있는데, 어떻게 해야 돼요?"

"영어가 중요해요? 수학이 중요해요?"

"학생은 공부 어떻게 했어요?"

지하철 혹은 버스에서 만난 학부모님들의 궁금증에 답을 해드리다 내려야 할 곳을 놓친 적도 많다. 그렇지만 결코 싫지 않았다. 왠지 그동안의 노력을 인정받는 것 같아 뿌듯했고, 한편으로는 자부심도 느껴졌다. 나의 경험이 또 다른 누군가에게 도움이 될 수 있다는 사실에 보람 있었다. 그래서 학부모님들의 질문에 성심성의껏 대답하려고 노력하기도 했다. 하지만 자퇴를 한 후, 내 삶은 180도로 달라졌다.

자퇴를 하고 집에서 생활하게 된 나는 동네에 있는 작은 독서실에 등록했다. 평일 낮에 찾아온 어린 학생을 보고 총무는 의아한 눈으로 쳐다보았다. 이런저런 서류를 작성하고 있는 나에게 총무가 조심스럽게 물었다.

"너, 몇 살이냐?"

"열일곱이에요."

"그럼 아직 고등학생 아니야?"

"네… 근데 자퇴했어요."

그 순간 나를 바라보는 총무의 시선이 아직도 생생하다. 태어나서 단 한 번도 받아보지 못한 눈길이었다. '애 사고쳤네!' 하고 마치 자퇴한 문제아를 바라보는 시선이었다. 괜한 자격지심에 그렇게 느꼈을 수도 있다. 하지만 그때 총무의 시선은 나를 경멸함과 동시에 안쓰러워하는 것 같은, 무언가 묘한 느낌이었다. 생전 처음 보는 시선에 나는 적잖이 당황했다. 그렇다고 구구절절 내 사연을 이야기할 수도 없었다. 억울했지만 내가 할 수 있는 것이라고는 그 묘한 시선을 피해 고개를 떨구는 것뿐이었다.

속된 말로 쪽팔렸다. 나를 사고친 자퇴생쯤으로 여기는 총무가 독서실 문 앞을 떡 하니 지키고 있으니 독서실에 가는 것조차 싫어졌다. 심지어 다른 사람들과 대화하는 총무와 어쩌다 눈이라도 마주치면, 꼭 내 험담을 하고 있는 것 같은 느낌이 들었다.

자퇴 후 내 일상은 매일 똑같았다. 아침 일찍 어머니한테 점심값으로 5천 원을 받아 집을 나선다. 독서실에 도착하면 일단 부족한 잠을 보충하고 점심시간이 되면 곧장 PC방으로 향했다. 정해진 자리에 앉자마자 '서든어택'에 접속했고, 이후 여섯 시간 내내 게임에만 몰두했다. 너무 재미있었다. 자랑 아닌 자랑이지만, 나는 서든어택에서 전국 2등 클랜에 속해 있을 정도로 실력이 있었다.

어쩌다 게임이 질렸을 때는 다른 방법으로 시간을 보냈다. 일단 독서실 앞에 있는 버스 종점에서 아무 버스나 타다 시간이 많으

때면 서울을 가로질렀다가 돌아오는 파란색 152번을, 저녁 시간까지 두 시간 남짓 남았다면 동네만 도는 초록색 5522A번을 탔다. 그리고 버스가 다시 종점에 도착할 때까지 맨 뒷자리에 앉아 이어폰을 끼고 음악을 들었다. 그렇게 하루 종일 버스를 타고 서울 시내의 사람들을 구경하는 것도 나름 재미있는 일이었다.

아주 가끔은 서울대 도서관을 찾았다. 무기력한 생활에 조금이나마 동기부여를 받고자 찾았건만 결국 자리에 오래 앉아 있지 못했다. 마음이 뒤숭숭해 도서관에서 나와 하릴 없이 캠퍼스를 거닐며 시간을 때웠다. 적어도 부모님께 '오늘 하루 열심히 공부했다'는 인상을 남기려면 되도록 밤늦게까지 버티다가 집으로 돌아가야 했다.

그렇게 하루하루가 흘러갔다. 마치 길을 잃은 느낌이었다. 날마다 하루 종일 헤매도 단 한 발자국도 나아가지 못했다. 언제나 같은 자리를 뱅뱅 돌며 머물러 있을 뿐이었다.

더 이상 지기 싫다,
지지 않겠다!

베스트셀러 작가가 된 친구들을 만나다

사람은 생각보다 빨리 상황에 익숙해진다. 처음에는 힘들기만 했던 '하루 시간 때우기'도 어느덧 익숙한 일상이 되었다. 시간은 덧없이 흘러 그렇게 8개월째 접어들었을 즈음이었다.

2007년 8월 16일. 그날도 나는 평소와 다름없이 시간을 때우기 위해 강남역으로 향했다. 당시 너무 외로웠던 나는 사람이 북적거리는 곳을 좋아했다. 강남역에 가본 경험이 있다면, 혼자서도 5~6시간을 보낼 수 있는 곳이 어딘지 알 것이다. 바로 교보문고다. 교보문고에 가면 공짜로 많은 책을 읽을 수 있을 뿐만 아니라 음악도 들으며 심심하지 않게 시간을 보낼 수 있다.

나는 늘 하던 대로 판타지 소설 코너로 향했다. 그리고 복도에 앉아 『야수』라는 책을 읽기 시작했다. 현실감 없는 판타지 소설들은 스멀스멀 피어오르는 미래에 대한 불안감을 잊게 하는 좋은 처방이었다. 대략 4시간 동안 가만히 앉아서 『야수 1, 2』를 읽은 나는 어느덧 감각이 없어진 엉덩이와 다리를 풀기 위해 어슬렁거리며 서점을 한 바퀴 돌기 시작했다. 열 걸음이나 걸었을까? 나는 너무 놀란 나머지 그 자리에 얼어붙고 말았다. 베스트셀러 코너에서 믿기지 않는 얼굴을 보았기 때문이다.

『외고 아이들』지은이 김연지, 김진아, 정우영, 신무양….

나와 같은 반이었던 친구들이 외고 입시를 겪은 과정을 책으로 썼고, 그 책이 특목고 입시 붐의 기운을 받아 교보문고 베스트셀러에 오른 것이다. 심지어 초록색 대형 현수막에는 친구들이 환하게 웃고 있는 사진이 대문짝만하게 박혀 있었다.

친구들이 쓴 책만으로도 큰 충격을 받았는데, 그 옆에 또 다른 책이 눈에 들어왔다. 『하루만에 끝내는 경제학 노트』라는 책이었다. 저자는 우리 반의 반장이었던 양정환이었다. 얼마 전까지만 해도 나와 함께 장난을 치며 웃고 떠들던 정환이는 열일곱 살이라는 나이에 경제학 서적을 쓴 작가가 되어 있었다.

그날의 충격은 이루 말할 수 없을 정도다. 나는 그저 초라한 자퇴생에 불과한데, 그사이 같은 학교, 같은 공간에서 공부하던 친구들은 베스트셀러 작가가 되었다는 현실에 자괴감이 들기 시작했다. 명문대에 진학하겠다는 꿈을 이루기 위해 스스로 학교를 나왔으면서 아무 생각 없이 시간을 낭비한 내 자신이 너무나 한심했다. 내가 하루하루 시간을 때우며 방황하는 동안 친구들은 상상도 할 수 없는 엄청난 일을 해낸 것이다.

그 충격으로부터 벗어나기 위해 약 30분가량을 가만히 서 있었다. 겨우 정신을 차린 나는 베스트셀러에 있는 모든 책들을 던져버리고 싶은 욕구를 참느라 다시 또 심호흡을 했다.

잘나가는 친구들이 부러워서가 결코 아니었다. 내 자신이 너무 한심스럽고, 짜증나고, 답답해서였다. 불과 수개월 전만 하더라도 같은 교실에서, 같은 수업을 듣고, 같이 시험을 봤던 친구들인데, 더 이상 친구로 느껴지지 않았다. 그들과 '나' 사이에는 감히 엄두도 낼 수 없는 커다란 장벽이 있는 것 같았다.

그날 집으로 돌아오는 버스 안에서 나는 상실감과 자괴감에 휩싸여 숨을 쉬기조차 버거웠다. 스물일곱 살이 된 지금, 나는 살면서 수많은 감정을 느껴왔고 이제는 내가 어떤 감정을 느끼는지 정확하게 알 수 있다. 하지만 겨우 열여덟 살이었던 그때는 자괴감이라는 감정을 처음 느꼈다. 사실 지금에 와서야 그 감정이 자괴감이었다는 것을 알았지, 당시에는 이상하고 감당하기 힘든 느낌이 무엇인지도 몰랐다.

안타깝게도 우리는 이미 너무 다른 삶을 살아가기 시작했고, 그들과 나는 서로 추구하는 게 달랐다. 조금만 더 벌어진다면, 더 이상 우리는 친구가 아닐 것 같았다.

자퇴하고 나서의 삶은 한마디로 '외고 출신이라는 과거의 영광에 안주하며 지낸 8개월'이었다. 하지만 서점에서 베스트셀러 작가가 된 친구들을 본 후 내 삶은 바뀌기 시작했다. 더 이상 과거에 머물러 있지 않고 현재를 직시하게 된 순간이었다. 내 자신이 초라한 자퇴생임을 인정하고 나자 더 이상 패배자처럼 살지 않겠다는 결심이 들었다.

'지고 싶지 않다… 지기 싫다… 지지 않겠다!'

2007년 8월 16일. 나는 평소와 같이 저녁을 먹으러 집에 들어가지 않았다. 곧바로 독서실로 향한 나는 스스로를 다그치기 위한 쪽지를 썼다.

수능 첫 도전, 꽤 만족스러운 결과

더 이상 친구들에게 아니, 스스로에게 지지 않겠다고 결심한 그날부터 나는 제대로 공부하기 시작했다. 6개월 동안은 오로지 수학만 죽어라 팠다. 방황으로 날려 버린 그간 8개월의 공백을 메우려면 고독할 새도 없었다. 수능을 보려면 수학 외에도 영어, 언어, 화학, 생물 등 다른 과목들도 공부해야 했지만 우선은 수학이 가장 중요하다고 판단하고 수학에 올인했다.

그로부터 6개월 후인 2008년 3월, 나는 재수 학원에 등록했다.

절박함을 가장 잘 아는 사람들 옆에서 함께 공부하고 싶었기 때문이다. 재수생들은 나처럼 뒤늦게 정신을 차린 수험생이 아니었다. 열심히 공부하며 철저하게 수능을 대비했지만 막상 수능 날, 극도의 긴장감 속에서 제 실력을 발휘하지 못한 아쉬움에 재도전하는 사람들이었다. 운동선수들이 수없이 연습을 되풀이해 극도의 긴장감 속에서도 몸이 저절로 움직이게 만드는 것처럼, 그들도 이미 충분히 했던 공부를 반복했다. 혹시라도 누군가 물으면 자다가도 벌떡 일어나 대답할 수 있을 정도로 말이다.

그런 재수생들에 비하면 나는 부족해도 턱없이 부족한 수험생일 뿐이었다. 이제 겨우 수학 한 과목을 끝냈으니 비교하는 것조차 민망한 수준이었다. 그렇지만 더 이상 물러날 곳이 없었던 나는 하루하루 최선을 다해 공부하며 재수생 형, 누나들을 쫓아가기 위해 노력했다. 물론 다른 고3 수험생보다 더 많은 시간을 할애하면서 공부하지는 않았다. 다만 공부하는 동안은 엄청나게 집중했다. 이미 수능을 한 번 치른 재수생 형, 누나들과 의식적으로 경쟁하면서 하루하루를 치열하게 보냈다.

그럼에도 냉정하게 평가하자면, 수능 당일까지도 나는 준비되어 있지 않았다. 수학과 외국어를 제외한 언어, 물리, 화학, 생물 과목은 아직 개념조차 완벽하게 이해하지 못한 상태였다. 하지만 2009학년도 수학능력시험은 이례적이었으며 결과적으로 나에게 유리하게 작용했다.

2009년 수능을 설명하려면 2008년 수능부터 설명해야 한다. 2008년 수능에서 수학 영역은 1등급(상위 4퍼센트)을 받기 위해서 100점을 받아야 했다. 너무 쉬운 문제 난이도로 인해서 한 문제라도 틀리면 2등급인 것이다. 난이도가 쉬우면 잘하는 학생과 그렇지 않은 학생들을 구분하는 변별력이 떨어져 상위권 학생들이 불리하다. '누가 더 실력이 있는가'보다 '누가 더 실수를 하는가'가 당락을 결정하게 된다. 결국 2008년 수능에서는 한 문제라도 실수한 상위권 학생들이 눈물을 머금으며 재수를 선택해야만 했다. 이러한 여파로 인해서일까? 2009년 수능은 정반대로 어렵게 출제되었다. 수학 영역에서 1등급을 받은 학생의 최저 점수가 81점이었다. 즉, 81점을 맞은 학생도 전국에서 수학 상위 4퍼센트 안에 드는 것이다.

수학에만 유독 긴 시간을 투자했던 나는 결과적으로 93점을 받았다. 언어, 물리, 생물, 화학에서 부족한 점수를 메우고도 충분한 점수였다. 비록 모든 영역에서 우수한 점수를 요구하는 서울대는 힘들지언정 수학에 가중치를 부여하는 연세대학교는 충분히 도전해 볼만했다. 나는 결과에 크게 만족했다. 실력에 비해 운이 따라주었다는 생각이 들 정도로 기뻤다.

요즘 용인외고는 서울대학교 합격생이 가장 많은 학교 중 하나다. 매년 서울대 합격생이 약 90명에 육박하며, 전국에서 SKY를 제일 많이 보내는 학교로도 유명하다. 하지만 2006년에 나와 함께 용인외고에 입학했던 친구들 중에서는 약 50명이 서울대에 합격했다. 그리고 약 80명이 연세대와 고려대에 합격했다. 요즘과 비교하면 진학률이 아주 좋다고는 할 수 없었다.

당시 용인외고에서도 서울대는 공부를 잘하기로 소문난 최상위권 학생들만이 갈 수 있는 대학교였다. 나는 애초에 그들과 어깨를 나란히 할 정도로 공부를 잘하는 학생이 아니었다. 그래서인지 서울대를 간 친구들을 봤을 때, 나는 가지 못했다는 아쉬움보다는 '저 친구들이라면 당연히 가야지'라는 수긍이 먼저였다.

그런 나였기에 연세대도 감지덕지할 수 있었다. 사실 용인외고 학생들도 연세대에 가기가 쉽지 않았다. 연세대에 갈 수 있다고 생각하니 그저 고맙고 즐거울 뿐이었다. 만약 다시 수능에 응시한다고 해도 서울대를 바라볼 수 있는 수준이 될 자신도 없었다. 연세대도 마찬가지였다. 이번 수능에서는 행운의 여신이 내 손을 들어주었기에 실력보다 점수가 잘 나왔지만 다음 수능에서 또다시 점수가 잘 나오리라는 보장이 없었다.

외롭고 고독했던 1년 8개월이었다. 그 시간을 견디고 얻어낸 결과에 나는 내만족이었다. 다시는 그 힘들고 어려운 시간을 견뎌낼 마음도, 자신도 없었다. 내 마음은 이미 연세대로 기울대로 기울고 있었다.

시한부 할아버지의 오랜 소원

첫 수능을 마친 나는 만족스러운 결과를 가지고 바로 전주로 향했다. 할아버지에게 기쁜 소식을 전하고 싶었기 때문이다.

2006년 5월쯤이었을까? 저녁 시간에 기숙사에서 잠깐 휴식을 취하고 있는데 휴대폰이 울렸다. 어머니였다.

"밥은 먹었니?"

"방금 먹고 기숙사 들어왔어요."

"공부는 잘하고 있고?"

"뭐, 그럭저럭 대충하고 있죠."

"대충? 대충이라고?"

별 뜻 없이 말한 '대충'이라는 대답에 어머니가 갑자기 벌컥 화를 내셨다. 괜히 나에게 트집을 잡으시는 것 같아 연신 말대꾸를 하며 맞받아쳤다.

그로부터 잠시 후, 휴대폰에 진동이 연달아 울리기 시작했다.

「할아버지 4기 말기 암이래」

「3개월 남으셨대」

「엄마 그냥 힘드셔서 그런 거니까 잘못했다고 해」

무려 9통이 넘게 와 있는 문자는 모두 형에게서 온 것이었다. 상황도 모르고 전화 너머에서 엄마한테 대들고 있는 동생이 답답했나 보다. 문자를 확인한 나는 죄송한 마음에 곧바로 어머니에게 전화를 드렸고 어머니는 흐느끼며 짜증내서 미안하다고 하셨다.

3개월이라는 시한부 인생을 선고받았지만 우리 할아버지는 무려 2년 8개월이나 버티셨다. 사실 할아버지는 학창 시절 지역에서 알아주는 인재였다고 한다. 그 누구도 할아버지의 서울대 입학을 의심하지 않았다. 하지만 대학교 입시를 앞두고 6·25 전쟁이 터졌다. 대한민국의 남자들은 학교가 아닌 군대로 향했고 우리 할아버지 또한 마찬가지로 전장으로 나가야만 했다.

복무 중에 할아버지는 총에 맞았다. 다행히 왼손을 맞아 생명에는 지장이 없었지만 총알이 왼손을 관통해 지울 수 없는 흔적을 남겼다. 전쟁이 끝났지만 할아버지는 서울대를 갈 수 없었다. 당장 책임져야 할 가족이 있었기 때문이다. 할아버지는 어린 동생들을 먹여 살리기 위해 학교가 아닌 사회로 뛰어들었고 '서울대학교'는 꿈이 아닌 환상으로 바뀌었다. 그렇게 서울대학교는 우리 할아버지에게 천추의 한이 된 것이다.

할아버지가 시한부 인생 3개월을 선고 받고도 2년 8개월을 더 버틸 수 있었던 것은 드디어 손자, 손녀 세대가 수능을 보기 때문이다. 할아버지의 숙원인 서울대 입학을 다시 꿈꿔 볼 수 있는 기회가 온 것이다. 하지만 어김없이 손지, 손녀들도 서울대 합격의 문턱을 넘지 못했다. 그리고 마지막 주자인 내가 입시를 치렀고 끝나자마자 바로 할아버지를 뵈러 간 것이다.

4기 말기암을 2년 8개월 동안 버틴다는 것은 불가능에 가깝다. 하지만 만약 그런 일이 일어난다면 병마와 싸운 결과는 어떤지 아는가? 단 몇 개월 만에 온몸의 털이 빠지고 일 년이 채 안 돼서 뼈와 가죽밖에 안 남는다. 마지막에는 음식조차 넘기지 못해 식도를 관통하는 관으로 미음이 들어가며, 고통에 사로잡혀 가족 그 누구도 알아보지 못한다. 2008년 수능을 마치고 내려가 만난 할아버지는 그랬다. 사경을 헤매는 할아버지가 가끔 제정신으로 돌아올 때가 있었다. 내가 갔을 때 할아버지는 잠시 나를 알아보시고 힘겹게 말씀하셨다.

"우빈아… 고맙다, 서울대 축하한다, 사랑한다."

힘겹게 내뱉은 말씀 중 얼핏 들은 단어들이다. 할아버지는 내가 서울대에 합격한 걸로 알고 계셨다. 할아버지의 오랜 소원을 알았기에, 그리고 할아버지의 고통을 어렴풋이나마 짐작할 수 있었기에 나는 그 자리에서 아니라고 차마 대답하지 못했다. 오히려 서울대에 합격한 것처럼 받아쳤다.

결국 나는 할아버지께 서울대에 합격했다고 선의의 거짓말을 하고 말았다. 하지만 잘못된 선택이었다. 2년 8개월이나 버티시던 할아버지는 내가 서울대에 합격했다는 이야기를 듣고 사경을 헤매다 일주일이 채 안 되어 세상을 떠나셨다.

'할아버지는… 내가 서울대에 합격한 줄 알고 돌아가셨다.'

마치 나 때문에 돌아가신 것 같았다. 죄책감 때문이었을까? 도저히 할아버지 뜻을 저버리고 다른 대학에 갈 엄두가 안 났다. 할아버지를 여의고 서울로 올라오는 기차 안에서 나는 생각하고 또 생각했다. 솔직한 심정은 내년에 수능을 봐도 이보다 더 잘 볼 자신이 없었다. 두려웠다.

하지만 할아버지의 얼굴이 자꾸 떠올랐고, 어느 순간 열심히 하면 할 수 있을지도 모른다는 희망이 마음 한 켠에 조금씩 싹트기 시작했다. 그리고 나는 마침내 결정을 내렸다.

서울대에 도전하기로….

아, 드디어 합격이다!

기차 안에서 재수를 결정한 그날부터 나는 다시 치열하게 공부하기 시작했다. 공부를 방해할 수 있는 모든 것을 끊었다. 휴대폰은 기차를 타고 서울로 올라오면서 해지해 버렸다. 재수를 결심한 이상 잠시도 지체해서는 안 된다는 생각이 들어서다.

재수를 준비하는 2009년 한 해는 정말 하루하루를 전쟁처럼 살았다. 주중에는 2시간 30분만 자고 나머지 시간을 공부에만 전념했다. 매일 잠자리에 들기 전에 '오늘 하루 진짜 열심히 살았다'는 생각을 하며 깊은 잠을 잘 수 있도록 하루하루 최선을 다했다. 부족한 잠은 토요일에 몰아 자며 버텼다. 2009년 한 해를 살았던 60억 인구 중에서 가장 열심히 산 100명 안에 들 자신이 있었다.

2009년 11월 12일 수능 당일. 나는 습관처럼 일찍 일어나 새벽 6시 30분에 수능 시험장에 도착했다. 만감이 교차했다, 왠지 모르게 할아버지의 소원을 들어드릴 수 있을 것 같은 예감이 들었다. 그러면서도 극도의 긴장감으로 온몸의 털이 솟는 것 같은 기분이었다. 스스로에게 '일 년 동안 진짜 고생 많았다'라고 격려하며 수험장에 들어섰다.

너무 긴장한 탓일까? 수능 성적은 그렇게 만족스럽지는 않았지만 서울대는 충분히 들어갈 수 있는 점수였다. 수능 점수가 안정적이라고 판단한 나는 원서 접수가 시작된 첫날 바로 지망하던 전공으로 지원했다. 그만큼 자신이 있었다. 1차 서류전형은 무사히 합격했고, 곧바로 논술 준비에 돌입했다. 논술 당일, 나는 완벽한 답안을 작성했다고 자부하며 합격을 한 번 더 예감할 수 있었다.

하지만 결과는 예상과 전혀 달랐다. 불합격 통보를 받은 것이다. 서울대 경쟁률이 역대 최고로 높았지만 나는 걱정하지 않았다. 수능 점수가 너무나도 안정적이었다고 판단했고, 논술 시험도 완벽하게 치렀다고 생각했기 때문이다. 그런데 불합격이라니. 도저히 믿을 수가 없었다. 일 년 동안 내 생애 처음으로 완벽하게 몰입해서 공부만 했는데 떨어지다니. 쓸쓸함과 허탈감에 나는 정신을 차릴 수가 없었다.

한동안 불합격의 충격에서 헤어 나오지 못했다. 얼마나 지났을까. 그동안 보지 못한 친구들을 만나기 위해 지하철을 타고 서울 시내로 향하고 있을 때였다. 목적지에 도착해 지하철에서 막 내리려는데 주머니에서 휴대폰 진동이 느껴졌다.

「서울대학교 1차 추가 합격자 발표」

나는 혹시나 하는 마음에 어머니에게 전화를 걸어 컴퓨터로 대신 확인해 줄 것을 부탁 드렸다. 나중에 알게 된 것이지만 추가 합격자 확인을 안내하는 문자는 모든 지원자가 아닌, 오직 합격생에게만 전송된다고 한다. 즉, 그 문자는 합격이라는 소식과 같았다.

"됐다, 우빈아. 고생했다… 됐다, 서울대!"

어머니는 거의 울먹이는 목소리로 축하해 주셨다. 나는 나도 모르게 지하철 역 한가운데에서 환호성을 질렀다.

서울대에 합격한 그 주말, 나는 곧장 전주로 향했다. 할아버지께 인사를 드리기 위해 일 년 만에 다시 찾아 뵌 것이다. 전라북도 전주 끝자락에 위치한 납골당에서 그제야 당당하게 할아버지를 만나뵐 수 있었다. 그동안의 생활이 너무 힘들어서였을까? 아니면 할아버지에게 거짓말을 했다는 죄책감 때문이었을까?

나는 할아버지가 잠들어 계신 곳에서 소리 내어 펑펑 울었다. 드디어 이제야… 진짜로 서울대학교에 합격했는데…. 이제는 떳떳하게 합격했다고 말할 수 있는데 그럴 수 없는 안타까운 마음에 한참을 울었다. 어쩌면 할아버지는 내가 서울대학교에 떨어진 것을 알고 계셨을지도 모른다. 다만, 너무나 힘든 암 투병 생활에 지쳐서 믿고 싶은 대로 믿으려 하신 것일지도 모른다.

할아버지 살아계실 때 소원을 이루어 드렸다면 얼마나 좋았을까? 하지만 늦게라도 합격 소식을 전할 수 있어 다행이었다.

제2장

솔직히 너,
진짜 최선을 다한 거냐?

입시를 포기하지 않게
만드는 '목표'

목표는 곧 버티는 이유다

솔직히 나의 목표는 특목고에 진학하는 것까지였다. 고등학교에 가기 전까지는 단 한 번도 대학교에 다니는 나를 상상해 본 적이 없었고, 대학교가 어떤 곳인지 잘 알지도 못했다. 용인외고라는 특목고에 입학했으니 학교가 알아서 하버드, 프린스턴, 예일과 같은 아이비리그에 보내주는 줄로만 알았다. 지금 생각하면 참으로 어처구니가 없다.

용인외고는 학생 전원이 기숙사에서 생활하고, 모두 노트북을 가지고 있다. 이는 게임을 하며 밤을 새기 딱 좋은 최적의 조건임을 의미한다. 취침 시간에 불빛이 새어 나오면 사감 선생님이 주의를 주었지만 빛이 새어 나가지 않도록 꽁꽁 막고 게임에 몰두했다. 그렇게 나는 밤새 게임을 하고 수업 시간에는 수면을 보충하는 학생이 되었다.

시험 기간도 예외는 아니었다. 1학년 1학기 중간고사 기간에 있었던 일이다. 중국어 시험을 앞두고 성조, 획, 병음을 외워야 하는데, 하기가 너무 싫었다. 평소 그렇게 흥미를 느끼지 못했던 과목이라 더 그랬던 것 같다. 결국 나는 중국어 공부를 포기하고 친한 친구들과 밤새 게임을 즐겼다.

당시에는 카오스란 게임이 유행이었다. 모든 게임이 그렇지만 카오스 역시 중독성이 강해 게임을 하다 보면 절제를 못한다. 시험 공부는 하지 않더라도 최소한 다음 날 시험을 위해 잠을 자야 하는데, 그만 절제 능력을 잃고 밤새 게임을 하며 지새웠다. 그런 상태로 다음 날 시험을 보았다.

결과는 정확히 92.1점이 나왔다. 장난하느냐며 불같이 화를 내는 독자가 있을지도 모르겠다. 이해한다. 용인외고의 시험 제도를 모르는 사람은 이 점수가 높은 편이라 충분히 오해할 수 있다.

앞서 잠깐 말했듯이 용인외고 국제반 시험은 생각만큼 그리 어렵지 않다. 쉽게 내는 이유가 있다. 국내 대학과 미국 대학은 학생을 선발하는 과정에서 성적을 평가하는 방식이 다르다. 국내 대학이 성적을 상대평가 하는 반면 미국 대학은 절대평가를 한다. 이

것은 국내 대학을 진학하려면 내신 등급이 중요하지만 미국 대학은 점수가 중요하다는 말과 같다. 따라서 주로 미국 대학을 준비하는 국제반 학생들에게 시험을 어렵게 낼 이유가 없다.

또 다른 이유도 있다. 국제반 학생들은 상당수가 해외 생활을 많이 하여 우리나라 시험 문화에 익숙하지 않다. 그런 학생들을 배려해 국제반 시험은 조금만 공부해도 90점을 넘을 수 있도록 아주 쉽게 출제했다. 실제로 당시 나의 중국어 시험 평균 점수는 94.7이었지만 내신 등급은 8등급이었다.

중국어뿐만 아니라 다른 과목 점수도 마찬가지였다. 거의 최하위 점수나 마찬가지인 90점을 가까스로 넘기면서 학교생활을 했다. 잘하는 친구들이 99.86점이나 99.1점을 받았고, 내 성적표는 8~9등급으로 가득했다.

공부에는 관심이 없었지만 나는 공부를 제외한 모든 분야에 관심을 갖는 '오지랖 넓은 학생'이었다. 게임 못지않게 나를 뜨겁게 만들었던 것은 단연 '축구'이다. 어딜 가나 비슷한 관심사를 갖고 있는 친구들은 있기 마련이다. 물론 용인외고에도 축구를 좋아하는 친구들이 있었다.

2006년 가을, 나는 공부보다 축구에 관심이 많았던 친구들 열두 명과 함께 팀을 꾸렸다. 곧 다가올 용인시 풋살(미니축구) 대회에 참여하기 위해서다. 중간고사가 코앞이었지만 우리는 매일 밤 8시부터 야간 자율학습이 끝나는 시간까지 체육관에 모여 축구

연습을 했다. 많은 학생이 영어토론 대회, 모의 유엔 활동 등을 하며 화려한 스펙을 쌓아갈 때 나는 풋살 대회를 준비하며 굵은 땀을 흘렸다.

무려 한 달을 준비한 후 우리는 용인시 풋살 대회에 참여했다. 담당 선생님, 친구들, 부모님 그 누구의 관심도 받지 못했다. 우리는 대회 전날 두 개의 여관방을 빌려 새우잠을 청하고 다음 날 우리끼리 대회에 참석했다.

'공부만 하는 특목고'라고 얕잡아 보던 상대 팀들은 우리 앞에 맥없이 쓰러졌고, 대회 역사상 처음으로 동일 학교 소속의 A팀과 B팀이 4강에서 만나게 됐다. 축구의 명문으로 잘 알려진 용인정보고와 결승에서 맞닥뜨린 우리는 치열한 접전 끝에 5대 4로 패하고 말았다. 경기와 시상식이 다 끝나고 짐을 챙기던 중에 우연히 상대편 아이들끼리 주고받는 이야기를 들었다.

"용인외고 공부 잘하는 애들이라며? 그런데 축구도 잘하네. 완전히 지는 줄 알았다야!"

비록 우승은 하지 못했지만 용인에 있는 모든 고등학교에 용인외고의 저력을 과시할 수 있었기에 만족스러운 결과였다.

친구들의 연애 상담에도 열심이었다. 용인외고에서는 교내에서 연애 금지다. 하지만 나이가 나이인지라 선생님들의 감시망을 뚫고 호감 가는 이성 친구와 사랑을 싹틔우는 친구들이 많았다. 공부가 아닌 모든 것에 관심이 많았던 나는 나와 제일 친했던 친구

진수와 함께 친구들의 연애 상담을 자청하고 나섰다. 이론적인 면에서 박학다식했던 진수는 '썸' 탈 때 밀고 당기는 스킬을 주로 가르쳐 주었고, 나는 실제 고백이 이루어지는 순간을 설계해 주었다. 쉽게 말해서, 진수는 친구들의 말을 들어주고 연인 관계로 발전하기 직전까지 행동 강령을 담당했으며, 나는 고백을 하는 순간의 행동 강령을 담당했다.

한 가지 예로 한 친구가 좋아하는 여학생에게 고백하기로 한 날, 나는 사전답사를 통해 코스를 미리 확정지었고, 그들이 지정된 공간에 도착하기 직전 촛불을 켰다. 그리고 연애 컨설턴트로서 고객님께서 무사히 커플로 발전되는 모습을 덤불 뒤에서 지켜보았다. 그렇게 서먹서먹하게 눈앞에 나타나 손발이 오그라드는 멘트 후 다정하게 손을 잡고 돌아가는 커플을 보면 뿌듯하다 못해 자랑스럽기까지 했다.

그렇게 공부는 점점 나에게서 멀어져 갔다. 공부를 해야 할 분명한 목표가 사라지자 그동안 억눌려 있던 다른 호기심들이 일제히 고개를 들었다. 호기심은 너무 강력하고, 그 호기심을 채우는 재미는 공부와는 비교할 수 없을 정도로 컸다. 간혹 공부가 재미있다고 말하는 친구들이 있는데, 아니다. 물론 몰랐던 것을 하나하나 알아가는 재미는 분명 있다. 하지만 끝도 없이 계속될 것만 같은 공부가 내내 재미있다는 것은 거짓말이다. 재미있는 순간보다는 어렵고 힘든 순간들이 훨씬 더 많다. 세상에 공부보다 더 재미있는 것들은 널려 있다.

힘든 공부를 계속할 수 있게 하는 힘은 '재미'가 아니라 '목표'다. 용인외고에 와서 분명한 목표가 얼마나 강력한 동기를 부여하는지를 실감했다. 하나의 목표를 이루고, 다음 목표가 없을 때 공부보다 훨씬 재미있는 수많은 유혹이 그 공백을 치고 들어온다. 순식간이다. 공부에 재미를 붙이고 인내하기는 어려워도 공부 외의 유혹에 빠져 익숙해지는 것은 잠깐이다. 그래서 더더욱 목표가 필요하다. 목표만큼 재미없는 공부를 끝까지 할 수 있게 만들어주는 것은 없다.

미래를 그리면 목표는 선명해진다

잠시 눈을 감고 '자신의 미래'를 머릿속에 그려 보자. 갑자기 왜 뜬금없이 미래를 그려 보라고 하는지 의아할 수 있다. 미래는 곧 목표다. 자기가 살고 싶은 미래가 없으면 당연히 목표도 세울 수 없다.

나는 초등학교를 졸업하고 중학교에 들어길 때까지만 해도 미래에 축구선수가 될 것을 의심치 않았다. 커서 멋진 축구선수가 되어 녹색 운동장을 뛰어다니는 모습을 상상만 해도 행복했다. 축구선수는 나의 미래이자 곧 목표였다. 축구선수가 되기 위해 열심히 공을 찼고, 기본기를 다지기 위해 누구보다도 열심히 누력했다.

어쩔 수 없이 축구선수를 포기해야만 했을 때 내 미래도 함께 사라졌다. 꿈꾸는 미래가 없으니 당연히 무엇을 목표로, 어떻게 살아야 하는지 모른 채 무기력하게 하루하루를 보냈다. 우여곡절 끝에 특목고라는 목표를 세운 후 방황을 끝낼 수 있었지만, 용인외고에 진학한 후에는 더 이상 구체적인 미래를 그리지 않았다.

그래도 용인외고에 재학 중일 때는 미래가 극도로 불안하지는 않았다. 아주 막연했지만 고등학교를 졸업하고 아이비리그에 진학한다는 최소한의 목표가 있었기 때문인 것 같다. 하지만 용인외고를 자퇴하고 PC방을 전전하면서 미래는 완전히 암흑천지로 변했다. 긍정적인 미래는 아무리 애를 써도 그릴 수가 없었다. 상상하기조차 싫은 불길한 미래만이 머릿속에 스치듯 떠올랐다가 사라질 뿐이었다.

자퇴생이었던 나만 그럴까? 아니다. 대학생이 된 후 학생들에게 조금이라도 도움이 되기 위해 멘토 역할을 할 때 깨달았다. 자퇴생이었을 때의 나처럼 미래를 그리지 못하는 학생들이 많다는 것을 말이다. 물론 꿈꾸는 미래가 없이도 공부할 수는 있다. 공부 자체를 목표로 삼고 나름 열심히 공부하는 학생들도 보았다. 하지만 오래 지속하기 어렵고, 대부분 결과도 만족스럽지 않았다.

다시 한 번 미래를 그려 보자. 잘 그려지지 않는다면 눈을 감고 좀 더 몰입해서 미래를 상상해 보자. 이 책을 끝까지 다 읽는 것보다 지금 머릿속에 떠오르는 미래에 대한 상상이 훨씬 더 중요하다.

정성을 다해 자신의 미래에 대해 생각해 보아야 한다. 미래를 그려 보면 목표가 더욱 선명해지기 때문이다.

미래를 그리는 일은 진지하게 자신을 돌아보고 고찰하는 과정이다. 그 누구도 아닌 자신의 내부에서 들려오는 목소리에 귀를 기울여야 한다. 정말 자신이 꿈꾸는 미래가 무엇인지를 생각해 보고, 그 미래를 구체적으로 그려야 한다.

단, 미래를 그릴 때는 타협해서는 안 된다. 사람들은 종종 미래를 그릴 때도 현실과 타협한다. 예를 들어 의사가 되어 돈이 없어 치료를 못 받는 사람들을 돕는 미래를 꿈꾸면서도 "내 실력으로 의대가 가당키나 해? 아무리 열심히 해도 의대에 가기는 힘들 거야", "꼭 의사가 되어야만 사람을 도울 수 있는 것은 아니잖아? 다른 길을 찾아보지 뭐" 등 이런저런 핑계를 대면서 자신의 미래를 축소한다.

그래서는 안 된다. 가능한 자기가 그릴 수 있는 최고의 미래를 상상하자. 최고의 미래를 상상할 때 가슴이 뛰는가? 진심이 담긴 미래라면 불안해서든, 설레서든 가슴이 뛸 것이다. 어떤 감정에서 뛰든 상관이 없다. 꿈꾸는 미래와 현실의 갭이 크면 클수록 불안감도 클 것이다. 그래도 괜찮다. 가슴이 뛴다면 내가 꿈꾸는 미래를 위해 무엇을 목표로 해야 할 것인지가 자연스럽게 보이기 때문이다.

절박함은
불가능을 가능하게 한다

기숙 학원을 일주일 만에 뛰쳐나온 이유

용인외고를 자퇴한 날, 경기도 광주에 있는 기숙 학원으로 향했다. 군대와 같이 엄격한 생활을 강요하여 많은 학생들을 명문대에 진학시키는 것으로 유명한 학원이었다. 주로 스스로 관리가 잘 안 되는 n수생(고등학교를 졸업하고 수능을 준비하는 사람들)이 가는 곳이었다. 물론 악명(?)이 자자한 그곳까지 들어온 것을 감안하면 의지가 대단한 사람들임에는 틀림없다.

그곳에서는 분위기를 흐릴 수 있는 소위 '반동분자'를 1차적으로 거르고 받는다. 나는 고등학교 1학년이라는 나이 때문에 들어가지도 못할 뻔했다. 다행히 나름 공부 좀 한다는 '용인외고'생임을 감안해서 겨우 들어갈 수 있었다. 그리고 그곳에서의 첫날, 나는 상상할 수 없는 삶을 경험했다.

기숙 학원에서의 하루 일과는 이렇다. 기상 시간은 새벽 6시다. 일어나면 야외 광장으로 집결해서 아침 체조를 한다. 그런 다음 19세기 목욕탕 같아 보이는 허름한 곳에서 수십 명이 샤워를 한다. 아수라장이 따로 없다.

샤워를 끝내면 아침 식사를 한다. 한꺼번에 학원생들이 아침 식사를 하려니 배식 줄이 끝이 없다. 최소한 20분 이상을 기다려야 겨우 배식을 받아 아침 식사를 할 수 있다.

오전 8시부터 오후 6시까지는 수업의 연속이다. 수업이 끝나면 역시 아침처럼 오랜 시간 줄을 서서 기다린 끝에 저녁 식사를 하고 대략 10분 정도 자유 시간을 갖는다. 이 시간을 틈타 학원생들은 공중전화 박스 앞에 일렬로 줄 지어 서서 전화를 한다. 나는 적응기라고 3일 동안 외부 전화가 금지였다.

이후 밤 11시까지 이어지는 자습은 숨이 막힐 정도다. 교실의 가장 뒤에 설치되어 있는 CCTV를 통해서 조는 학생이 있으면 조교가 바로 반으로 들어와서 벌섬을 부여한다. 모두의 앞에서 민망할 정도로 심한 소리를 듣는 것은 덤이었다.

자습이 끝나면 바로 침상으로 향하는데, 침상도 가관이었다. TV에서 보던 옛날식 군대 침상…. 그곳에서 40여 명의 남학생들이 자기 한 몸 누울 수 있는 공간을 확보하고 누워 자다 밤마다 당번이 있는데, 그날의 당번은 양동이 한가득 물을 들고 와서 침상 사이사이에 물을 흥건히 뿌린다. 워낙 건조해서 그렇게라도 해야 기관지가 상하지 않기 때문이었다.

딱 일주일이었다. 도저히 그곳에서 버틸 수 없었다. 나는 환불도 받지 못하고 일주일이 지난 시점에 집으로 돌아왔다. 그때는 빨리 그곳에서 탈출해야 한다는 생각에 다른 학생들을 돌아볼 겨를이 없었다.

하지만 얼마쯤 지난 후 문득 궁금해졌다. 나는 일주일도 견디지 못한 그 가혹한 생활을 다른 학생들은 어떻게 버틸 수 있을까? 당시에는 답을 찾지 못했다. 그저 버텨 내는 다른 학생들이 신기하고, 한편으로는 불쌍했다.

한참을 지난 후 답을 찾았다. '절박함'이었다. 다른 학생들이 지옥 같은 생활을 견딜 수 있던 이유는 절박했기 때문이다. 제일 적절한 표현인 것 같다. 그들 모두는 서로 다른 이유일지언정 그 누구보다 절박하게 수능에서 좋은 성적을 받고 싶어 했다.

반면 나는 절박하지 않았다. 내가 꿈꾸는 구체적인 미래가 없으니 목표도 당연히 없었다. 그저 고등학교를 자퇴했으니까 머무를 곳이 필요했던 것 같기도 하다. 마음의 준비도 안 된 상태에서 막연하게 검정고시를 보고 대학을 가겠다는 정도로만 생각했으니 기숙사 학원 생활을 견디지 못한 것은 당연하다.

절박함은 종종 논리적으로는 설명하기 힘든 초인적인 힘을 발휘한다. 평소에는 도저히 할 수 없던 일도 절박하면 거짓말처럼 해내는 경우가 종종 있다. 절박하지 않은 상태에서는 하루에 2~3시간만 자고 공부하는 게 불가능하게만 느껴졌다. 하지만 서울대를 목표로 재수하기로 결정한 후 약 11개월가량은 하루에 단 2시간 30분만 자면서 공부했다. 할아버지의 소원을 이루고 싶다는 절박함이 있었기에 가능했던 일이다.

절박함은 그냥 생기지 않는다. 분명한 목표가 있어야 하고, 타협하지 않아야 한다. 만약의 경우를 대비해 퇴로를 만들어 놓으면 그 순간 절박함은 반으로 줄어들고, 불가능을 가능하게 만드는 기적도 일어나지 않는다.

절박함은 벼랑 끝에서 꽃을 피운다

절박함이 있으면 못할 것이 없다. 하지만 문제는 어지간한 상황에서는 절박함이 잘 생기지 않는다는 사실이다.

성공한 사람들이 쓴 책을 보면 '스스로 자신을 벼랑 끝에 세웠다'는 내용이 종종 나온다. 더 이상 물러날 곳이 없는 상황이 되자 그대로 무너질 수 없다는 절박함을 처절하게 느꼈고, 그제야 자신의 잠재력을 120퍼센트 이상 끌어낼 수 있었다고 말한다.

내 가까이에도 그런 사람이 있다. 그는 어렸을 때부터 축구에 탁월한 재능을 보였다. 초등학교를 졸업하기도 전에 유명한 축구부로부터 스카우트 제의를 받았다. 심지어 감독들이 부모님 앞에서 무릎을 꿇고 아드님을 자기네 학교로 보내달라고 간곡하게 요청할 정도였다.

하지만 축구를 취미로만 간직하고자 마음을 먹은 그는 공부에 전념하고자 했다. 그렇다고 공부를 잘하는 것도 아니었다. 축구 실력과는 비교조차 불가능할 정도로 공부에는 재능이 없어 보이기까지 했다. 전교 상위권은커녕 중간만 해도 다행이었다. 게다가 초등학교를 졸업하고 중학교, 고등학교에 진학하면서 성적은 점점 바닥으로 치달았다. 그리고 고등학교 2학년 2학기. 그는 중간고사에서 전교 600등을 한다.

성적이 발표된 날, 그는 스스로 학교를 나왔다. 자퇴를 한 것이다. 이후 머리를 빨간색으로 염색하고 기타를 매고 집을 나가 버렸다. 음악을 하며 살겠다는 꿈을 품고. 부모님은 아들의 꿈을 말리지는 않았지만 가정 형편이 좋지 않아 경제적 지원을 넉넉하게 해 줄 수는 없었다. 그는 서울에 있는 세 평 남짓한 고시원에서 생활하며 음악의 꿈을 키워 나갔다.

집에서 나온 그의 일상은 다음과 같다. 그는 매일 점심쯤 늦게 눈을 뜬다. 일어나면 곧바로 게임을 시작해 오후까지 계속한다. 오후 5시가 되면 주섬주섬 짐을 챙겨서 길거리로 간다. 홍대 거리에서 버스킹이 끝나는 시간은 대략 밤 12시. 이후 그의 발걸음은 집이 아닌 '버거킹'으로 향한다. 아르바이트를 하기 위해서다. 밤 12

시부터 새벽 5시는 그 누구도 일하고 싶어 하지 않는 시간이다. 그런 시간에 굳이 아르바이트를 한 이유는 시급이 제일 높았기 때문이다. 남들은 꿈나라에 가 있을 시간에 그는 햄버거를 만들면서 버텼다. 그렇게 5개월을 살았다.

5개월이 지날 무렵 그는 결국 집으로 돌아왔다. '이렇게는 도저히 못 살겠다'는 것이 이유였다. 음악을 하겠다고 집을 나왔지만 생각만큼 쉽지 않았다. 그래도 음악을 하겠다는 것이 정말 절실한 꿈이었다면 버틸 수 있었겠지만 막상 해보니 자신이 생각했던 것만큼 간절한 꿈은 아니라는 것을 깨달았다. 결국 그는 '공부하겠다'는 결심으로 집에 돌아와 고3의 나이에 뒤늦게 다시 공부를 시작했다.

그의 최종 목표는 '의대'였다. 전교 600등을 했던 그가 의대를 목표로 한다고 말하자 많은 사람들이 가당치도 않다며 비웃었다. 하지만 5개월 동안의 밑바닥 경험은 그를 완전히 다른 사람으로 만들어 버렸다. 집으로 돌아온 후 그는 오로지 공부에만 매달렸다. 그 결과 2년 뒤 모의고사에서 전국 150등이라는 믿기지 않는 성적을 받았다.

하지만 한 가지 문제가 있었다. 새가슴이었던 것이다. 너무 긴장한 나머지 수능 시험장에만 가면 공황 상태에 빠졌다. 첫 시간에 마주한 언어 영역 시험지는 백지로 보이고, 수리 영역을 풀 때는 기본적인 사칙연산도 잘 되지 않았다. 그러니 당연히 의대는 꿈도 못 꾸는 점수를 받아야 했다.

새가슴을 극복하는 데 걸린 시간은 그로부터 3년이었다. 무려 세 번의 수능 시험 끝에 그는 스물네 살의 나이로 결국 의대에 합격한다. 비록 20대 초반은 치열한 입시 준비로 얼룩졌을지 모르겠지만, 그 얼룩은 그에게 있어 명예로운 훈장과 같다고 한다.

그는 바로 '우리 형'이다. 우리 형제는 모두 고등학교를 졸업하지 못하고 검정고시로 대학을 갔다. 비록 서로 티를 내지는 않았지만 그 기간은 우리 형제에게는 물론 부모님에게도 무척이나 혹독한 시련이었다.

성적이 중간에도 못 미쳤던 학생이 끝내 의대에 진학할 수 있었던 결정적인 이유는 무엇이었을까? 나는 오로지 하나, '절박함'이라고 생각한다. 우리 형은 자퇴를 한 뒤 현실의 혹독함을 몸소 체험한 덕분에 '이렇게는 살 수 없다'는 절박함이 생겼고, 그 절박함이 공부의 원동력이 되어 남들이 봤을 때 지독하다 싶을 정도로 공부할 수 있었다.

이처럼 공부는 긴 마라톤과도 같다. 그 힘든 여정을 끝까지 버티려면 자기만의 절박함이 있어야 한다. 꼭 우리 형처럼 극단적인 방법으로 자신을 벼랑으로 몰아넣어야만 절박함을 가질 수 있는 것은 아니다. 꼭 이루고 싶은 꿈이 있어도 절박할 수 있고, 사랑하는 누군가와의 약속을 지키고 싶은 마음도 절박함으로 이어질 수 있다. 나의 경우가 그렇다. 민사고의 천연잔디구장에서 축구를 하고 싶다는 꿈, 돌아가신 할아버지의 소원을 들어 드리고자 했던 마음이 절박함으로 바뀌어 지금의 결과를 만든 것이다. 절박함은 결코 거창한 것이 아니다. 남들이 인정하지 않아도 괜찮다. 무엇으로 절박함을 느끼든 상관없다. 중요한 것은 절박하면 할수록 끝까지 공부라는 마라톤을 완주할 가능성도 커진다는 사실이다.

누구에게나
잠재된 승부욕이 있다

경쟁 상대가 있고, 없고의 차이

입시 경쟁이 치열해지면서 학생들이 서로를 친구가 아닌 경쟁자로 본다는 우려의 목소리가 높다. '요즘 학생들은 노트도 잘 안 빌려준다', '좋은 정보가 있어도 다른 친구들에게 알려 주지 않는다' 등 경쟁 심리로 인해 학생들이 피폐해지고 있다며 걱정한다.

전혀 근거 없는 이야기는 아니지만 과장된 부분이 많다. 또한 개인적으로는 경쟁심이 꼭 나쁘다고 생각하지 않는다. 경쟁심이 지나쳐 다른 사람에게 해를 끼친다면 심각한 문제지만 경쟁심이 제대로 발동하면 오히려 공부하는 데 도움이 된다고 생각하기 때문이다.

나는 '승부욕'을 타고 났다. 내가 기억할 수 있는 어린 시절부터 승부욕은 늘 내 안에서 꿈틀거렸다. 그것은 경쟁 상대가 있으면 언제든 발동되는 나의 본성이기도 했다.

축구면 축구, 마라톤이면 마라톤, 공부면 공부 다 이겨야 직성이 풀렸다. 지고 있다는 생각이 들면 어김없이 승부욕이 발동해서 이길 때까지 노력했다. 객관적인 실력 여부는 나에게 중요하지 않았다. 설령 나보다 한참 앞서 있는 사람이라도 스스로 경쟁 상대라고 생각하면 지고 싶지 않았다.

미국에서 돌아와 민사고를 준비할 때의 일이다. 턱없이 부족한 공부를 보충하느라 매일 학원에서 공부하다 새벽 2시에 집 앞 버스정류장에 도착했다. 버스정류장에는 늘 나를 기다리는 어머니가 있었다. 결코 치안이 불안해서가 아니었다. 단지 어머니는 고단한 하루를 보낸 아들의 말동무가 되어 주기 위해 날마다 버스정류장에 나와 계셨던 것이다.

어머니와 함께 집으로 걸어가는 동안 늘 확인하던 것이 있다. 박00이 사는 801동, 정00이 사는 804동, 김00이 사는 808동… 이런 식으로 친구들이 사는 집에 불이 켜져 있는지를 살폈다. 모두 다 나보다 훨씬 공부를 잘하는 친구들이었다. 친구들은 몰랐겠지만 나는 혼자 그 친구들을 경쟁 상대로 삼고 승부욕을 불태웠다. 성적으로는 워낙 차이가 많이 나니 적어도 공부하는 시간의 양에서만큼은 지지 않으려고 했다.

막강한 강적이 한 명 있었다. 다른 친구들은 불이 켜져 있을 때도 많지만 꺼져 있을 때도 있는데, 유독 김윤환이라는 친구가 사는 808동 2층은 늘 환하게 불이 켜져 있었다. 친구가 아직도 자지 않고 공부하고 있다고 생각하면 어김없이 승부욕이 발동해 조금이라도 더 공부하려고 노력했다. 덕분에 나는 비록 목표했던 민사고는 떨어졌지만 일 년이 채 안 되는 짧은 시간에 바닥에 가까웠던 수학 점수를 대폭 끌어올릴 수 있었다.

승부욕을 자극할 수 있는 선의의 경쟁 상대가 있고, 없고의 차이는 생각보다 크다. 고등학교를 자퇴한 후 8개월 가까이 방황했던 이유는 혼자였던 탓도 크다. 혼자이다 보니 경쟁 상대로 삼을 만한 대상이 아무도 없었다. 그러다 보니 엉뚱하게 게임에 눈을 돌려 사이버 공간의 보이지 않는 경쟁 상대들을 대상으로 승부욕을 불태웠고, 공부와는 점점 더 담을 쌓고, 운동도 거의 하지 않게 되었다.

공부를 잘하는 학생들은 대부분 선의의 경쟁 상대를 한 명쯤 둔다. 경쟁에서 지면 질투하고 속상해하기도 한다. 지극히 당연한 일이다. 지고도 아무렇지 않다면 그게 더 이상하다. 분하고 속상하고, 질투도 나야 더 열심히 공부해서 다음번에는 꼭 이기겠다는 결의를 다질 수 있다. 졌다고 상대에게 화풀이하지만 않으면 된다. 열심히 공부한 친구의 노력을 인정해 주고, 자극을 받아 더 열심히 하는 것이 진정한 '승부욕'이다.

한 번 생각해 보자. 주변에 멋진 경쟁 상대가 있는가? 없다면 이제부터라도 만들어 볼 것을 권한다. 가끔 '나의 경쟁 상대는 오직 나일뿐'이라고 말하는 학생들이 있다. 정말 최고이거나 오만하거나 둘 중 하나다. 어느 쪽이든 경쟁 상대가 없다면 불행한 일이다. 무엇을 하든 경쟁 상대가 없이 혼자서 하면 발전 속도도 느리고, 오랫동안 지속하기도 쉽지 않기 때문이다.

지기 싫다는 마음이 가져온 기적

자퇴 후 8개월 동안 PC방을 전전하며 헤매던 내가 정신을 차리고 다시 공부를 시작할 수 있던 것은 역시 '승부욕'이 발동했기 때문이다.

승부욕을 강하게 자극하는 대상은 나와 비슷한 수준의 사람들인 경우가 많다. 중학교 때도 나는 같은 반 친구들을 보며 자극을 받았고, 자퇴 후 무기력하게 방황하던 나를 자극한 것도 친구들이었다. 용인외고에서 나와 함께 공부하던 친구들. 나와 별반 다를 것 없던 그 친구들이 베스트셀러 서자가 되어 눈앞에 나타난 순간, 깊숙한 곳에서 조용히 잠자고 있던 승부욕이 단숨에 깨어난 것이다.

만약 베스트셀러 작가가 내가 모르는 사람이었다면 어땠을까? 설령 내 친구들과 똑같은 고등학생이었다고 해도 그렇게까지 충격을 받지는 않았을 것이다. 베스트셀러를 보고 바로 그날 '친구들은 IVY, SKY로 간다. 훌륭한 친구들에게 뒤처지지 말자. 공부하자'라는 식의 쪽지 따위는 결코 쓰지 않았을 것이다.

승부욕은 나와 비슷한 상대일수록 강하게 발동한다. 꼴등을 하던 친구가 전교 1등을 하는 친구를 경쟁 상대로 삼는다면 제대로 승부욕에 불이 붙기 어렵다. 불가능하다는 얘기가 아니다. 꾸준히 노력하면 시간은 좀 걸리더라도 얼마든지 꼴등도 1등을 할 수 있다. 하지만 아무리 열심히 해도 단기간에 꼴등이 전교 1등을 이기는 것은 거의 불가능에 가깝다. 객관적으로 이길 가능성이 희박한데 이기겠다고 하는 것은 '승부욕'이라기보다는 '오기'에 불과하다.

내 안에 잠재해 있는 승부욕을 제대로 깨우려면 처음에는 충분히 경쟁해볼 만한 상대를 고르는 것이 좋다. 계속 지기만 하면 제아무리 승부욕을 타고난 사람이라도 지치기 마련이다. 장기적으로는 최고와 경쟁하는 것이 목표라 하더라도 당장은 나와 엇비슷해 조금만 더 노력하면 이길 수 있는 상대가 적격이다.

자, 다시 한 번 주변을 살펴보자. 나를 자극할 수 있고, 함께 멋진 승부를 걸어볼 만한 사람이 누가 있는지.

무언가에 미쳐 봤다면
공부도 잘할 수 있다

하루 종일 게임에 미친 너에게

요즘에는 여학생들이 남학생들보다 공부를 더 잘한다. 평균 점수는 당연히 더 높고, 최상위권에도 여학생들이 많다. 어디 그뿐인가. 사법고시, 외무고시, 행정고시 등 전국의 내로라하는 수재들이 경쟁하는 시험에서도 여성들이 수석을 차지하는 일은 더 이상 새로울 것도, 이상할 것도 없다.

남학생들의 성적이 자꾸 떨어지는 중요한 요인 중 하나가 '게임'이 아닐까 싶다. 게임은 중독성이 아주 강하다. 한 번 빠져들면 어지간해서는 빠져나오기가 어렵다. 반면 여학생들은 남학생들에 비해 상대적으로 게임을 절제할 수 있는 능력이 있다. 이런 차이가 남학생들과 여학생들의 성적을 점점 벌려놓은 데 일조하고 있다고 생각한다.

앞서 밝혔듯이 나도 한때 게임에 깊이 빠진 적이 있다. 자퇴 후 사람들이 이상하게 쳐다보는 시선도 싫고, 어떻게 공부해야 하는지도 몰라 막막했다. 공부에 집중은 안 되고, 시간은 남아돌아 무료함을 달래기 위해 PC방에 가서 게임을 하기 시작했다.

한 번 빠지면 못 나오는 내 자신을 너무도 잘 알기에, 처음에는 단시간에 한 판 두 판씩 할 수 있는, 비교적 중독성이 약할 것 같은 간단한 게임을 했다. 하지만 내 생각이 짧았다. 모든 게임은 중독성이 있다. 현실에 있는 어떤 놀이보다 재미있는 경우가 많기 때문이다.

새로운 게임을 시작한 나는 수도 없이 죽기를 반복했다. 총에 맞아 죽어 목숨이 다시 생기면, 어느새 달려온 상대방에게 칼과 같은 근접무기로 찔려 죽는 농락을 당했다. 아마도 서든어택이라는 게임을 해본 친구라면, 총이 아닌 근접무기로 죽임을 당하는 것이 얼마나 수치스러운 것인지 공감할 수 있을 것이다.

나는 분노했다. 아니나 다를까 또다시 승부욕이 발동했고, 그날부터 하루 6시간 이상 컴퓨터 앞에 앉아 연습했다. 단순히 스트레스를 풀기 위한 게임이 아니라 이기기 위한 게임을 시작한 것이다. 심지어 어떤 날은 10시간 이상을 PC방에서 보낸 적도 있다.

물론 실력은 많이 올랐다. Kill/Death가 80퍼센트를 넘어갈 정도로 실력이 향상되었고, 온라인상에서 많은 사람이 알아볼 정도의 고수가 되었다. 그리고 어느 순간 나는 게임에 중독되어 버렸다. 가끔 독서실에 앉아 있을 때면 머릿속에서 수많은 게임 장면들이 스쳐 지나갔다. 침대에 누워 있을 때도 머릿속에는 게임만 가득했다. 모처럼 마음잡고 책상 앞에 앉아도 '그래, 딱 한 시간만 하자'는 생각으로 PC방으로 달려갔다. 그렇게 하루의 5~6시간을 PC방에서 보냈다. 돈이 없으면 점심이나 저녁 사먹을 돈을 아껴서라도 PC방에 가서 게임에 몰두했다.

지금도 게임은 많은 학생을 유혹하고 공부로부터 멀어지게 한다. 그때그때 유행하는 게임이 달라질 뿐 게임은 언제나 공부를 방해하는 가장 큰 적이다.

하지만 이쯤에서 내가 힘주어 말하고 싶은 것이 있다. 만약 게임에 크게 미쳐본 적이 있다면, 게임을 잘하고 싶어 식음을 전폐하고 자나 깨나 게임에 매달려본 적이 있다면, 분명히 공부에도 미칠 수 있다. 꼭 게임이 아니어도 좋다. 노래가 되었든, 춤이 되었든 무언가에 한 번이라도 미쳐 본 적이 있다면 아무것도 미쳐본 적이 없는 것보다 훨씬 낫다.

무언가에 미칠 수 있다는 것은 열정이 있다는 얘기다. 열정의 대상이 공부가 아닐 뿐이다. 열정이 있으면 공부도 잘할 수 있다. 어떤 계기 혹은 방법으로 그 열정을 공부로 돌리기만 하면 된다.

미치는 것과 중독은 다르다

물론 미칠 대상을 게임에서 공부로 돌리기란 결코 쉽지 않다. 하지만 게임에 미쳐 있는 시간이 많으면 많을수록 치러야 할 대가도 크다.

멘토링을 하면서 만난 학생들 중 게임에 빠져 있는 학생들은 종종 '챌린저만 찍고 게임 그만하기로 약속했다'라고 말한다. 이왕 게임을 할 거라면 남들이 부러워하는 어느 단계까지는 올라간 다음 그만두겠다는 얘기다. 대개 승부욕이 강한 학생일수록 이런 말을 많이 한다. 경험자로서 그 마음을 이해 못하는 것은 아니지만 게임에 미쳐 있는 시간은 짧으면 짧을수록 좋다. 길어질수록 빠져나오기도 힘들고, 치러야 할 대가도 커지기 때문이다.

미칠 수 있다는 것은 중요하지만 오랫동안 빠져 나오지 못한다면 그것은 오히려 '중독'에 가깝다. 중독은 더 이상 자기 의지가 작용하지 못하는 상태를 의미한다. 이성적으로는 '더 이상 게임을 하지 말고 공부해야지'라고 생각하면서도 손은 끊임없이 컴퓨터 자판을 두드리거나 마우스를 클릭하며 게임을 계속한다면 중독된 상태다.

중독은 병이다. 오랜 기간 적극적인 치료를 받지 않으면 낫지 않는다. 재발하기도 쉽다. 한 번 크게 미쳐 보는 것은 좋지만 가야할 방향이 아니라면 중독이 되기 전에 멈춰야 한다.

사실 한 번이라도 미래를 진지하게 생각해 본 사람은 현재 가고

있는 길이, 방향이 맞는지 아닌지 다 안다. 애써 부인하거나 모른
척 하면서 멈춰야 할 시점을 최대한 늦추고 있을 뿐이다. 그럴수
록 더 힘들어질 뿐이니, 이 길이 아니라고 생각하면 숨 한 번 크게
쉬고 열정의 방향을 과감하게 틀자.

극한의 스트레스와
마주하라

스트레스의 두 얼굴

많은 사람들이 공부를 잘하는 학생들은 공부로 인한 스트레스를 받지 않을 것이라 생각한다. 공부가 재미있어서 오랫동안 지치지 않고 할 수 있는 것이고, 그 결과 성적도 좋으니 스트레스를 받을 일이 없다는 추측이다.

정말 그럴까? 장담하건대, 스트레스는 평등하다. 학생이라면 누구나 스트레스를 받는다. 나도 공부하면서 스트레스를 많이 받았다. 공부하기 싫어서 받고, 공부를 하는데도 잘 이해가 가지 않아서 받고, 열심히 공부했는데도 만족할 만한 결과를 얻지 못해서 받았다. 이따금 재미를 느꼈던 적도 있었지만 그보다는 스트레스에 시달렸던 적이 훨씬 많았다.

그렇다면 똑같이 스트레스를 받는데도 공부 잘하는 학생들은 어떻게 공부를 계속, 열심히 지속할 수 있을까? 스트레스는 두 가지 얼굴을 갖고 있다. 하나는 부정적인 얼굴이다. 이 얼굴은 스트레스를 더욱 가중시킨다. 더 하기 싫어지고, 하기 싫은데도 억지로 하다 보면 몸과 마음이 지쳐 병이 날 수도 있다. 피하려 할수록 더욱 강해지는 것이 부정적 얼굴의 특징이다.

스트레스의 또 다른 얼굴은 긍정적 얼굴이다. 스트레스를 받는다는 것은 어떤 면에서는 잘하고 싶어 한다는 것과 일맥상통한다. 공부를 잘하고 싶은 마음이 없다면 공부 좀 못한다고, 성적이 나쁘다고 그렇게까지 스트레스를 받을 일이 없다. 이런 경우 스트레스는 공부를 더 열심히 하게 하는 좋은 자극이 되기도 한다.

피할 수 없다면 정면으로 부딪치는 것이 최선이다. 학교 공부가 인생의 전부는 아니다. 자신이 이루고 싶은 꿈이 꼭 학교 공부를 열심히 해야만 이룰 수 있는 것이 아니라면 굳이 하기 싫은 학교 공부를 억지로 하며 스트레스를 받지 않아도 된다. 실제로 요즘에는 일찌감치 자신의 꿈을 이루기 위해 학교 밖에서 공부하는 청소년들이 많다.

하지만 분명한 꿈이 있어 학교 공부 대신 다른 공부를 선택한 경우가 아니라면 공부를 피할 명분이 없다. 공부를 하지 않을 용기도, 명분도 없으면서 피하기만 하면 스트레스는 점점 더 커질 뿐이다. 어차피 해야 할 공부라면 스트레스를 있는 그대로 인정하고, 공부를 하는 동력으로 활용하는 것이 훨씬 현명하다.

극한의 스트레스는 더 큰 미래를 만드는 원동력

스트레스는 정도에 따라 감당할 수 있는 '적당한 스트레스'와 감당하기 어려운 '극한의 스트레스'로 구분할 수 있다. 흔히 많은 사람이 스트레스가 삶의 원동력이 된다고 말하는데, 이때의 스트레스는 마음만 먹으면 감당할 수 있는 수준의 '적당한 스트레스' 인 경우가 많다.

하지만 극한의 스트레스는 다르다. 감당하기 어려운 스트레스 앞에서는 누구나 무기력해지기 쉽다. 스트레스를 해결할 방법을 찾기는커녕 스트레스가 워낙 커서 그 무게를 감당하기조차 어려운 것이 사실이다. 하지만 그만큼 극한의 스트레스를 극복했을 때의 결과도 상상을 초월한다. 즉, 적당한 스트레스는 지치지 않고 현 상태를 유지할 수 있는 원동력이 되지만 감당할 수 없는 극한의 스트레스는 이룰 수 없는 초현실적인 일을 달성할 수 있는 원동력으로 작용한다.

나 역시 스스로 합리화를 잘했다. 자퇴를 한 후 PC방에서 게임을 하면서도 자책하기보다는 스스로를 합리화했다. '혼자서 공부하는 게 어디 쉽나?', '스트레스로 지치는 것보다 게임을 하는 것이 정신 건강에 훨씬 좋아' 등 그때그때 다양한 이유를 내세우며 스스로에게 면죄부를 주었다.

나뿐만 아니라 수많은 학생들이 스스로를 합리화한다. 시험을 망쳐서 스트레스가 쌓이면 '다 아는 문제였는데 실수한 것뿐이야', '문제가 너무 쉬워서 변별력이 없었어', '다음에 잘 보면 되지 뭐'라는 식의 핑계를 대며 스스로를 납득시킨다. 현실을 있는 그대로 인정하면 혹시 감당할 수 없는 스트레스가 생길까 봐 미리 이런저런 이유를 들어 적당한 스트레스로 포장하는 것이다.

하지만 그런 노력에도 불구하고 2007년 8월 16일, 서점에서 마주한 현실은 강력한 스트레스로 다가왔다. 아무리 합리화를 하고 싶어도 할 수가 없을 정도로 친구들이 쓴 책은 큰 충격으로 다가왔다. 내가 방황하는 동안 친구들은 마치 나와는 전혀 딴 세상 사람들처럼 성장해 있었다. 전혀 예상하지 못한, 완전히 무방비 상태에서 너무도 대단해진 친구들을 만나니 스트레스는 극에 달했다.

대체 나는 베스트셀러 저자가 된 친구들을 보고 왜 그렇게 심한 스트레스를 받은 것일까? 아예 비교가 불가능한 상태에서는 스트레스를 받지 않는나. 아마 나는 은연중에 내가 친구들보다 뒤처질 이유가 없으며, 오히려 내가 더 대단하다는 근거 없는 자신감을 갖고 있던 것 같다. 그런데 나와 엇비슷한 친구들이 베스트셀러 저자가 되었다는 현실을 스스로 받아들이기가 힘들어서 스트레스가 극에 달했던 것이다.

스트레스가 너무 심하면 이겨내기가 쉽지 않다. 힘들어 포기하거나 멀리 도망치고 싶은 충동이 든다. 하지만 극한 스트레스는 반대로 강한 동기부여를 전해 주기도 한다. 합리화 정도로는 스트레스로부터 자유로울 수 없으므로 어떻게든 스트레스를 해결하려 하기 때문이다.

나는 후자였다. 극심한 스트레스를 정면으로 받아들였다. 대단한 성과를 낸 친구들은 스트레스임과 동시에 나에게 큰 자극을 주었다.

나는 자퇴생이다.

나는 서울대학교 생명공학 쪽으로 진학하겠다.

나는 서울대학교에서 석사 과정을 마치겠다.

나는 아이비리그로 가서 박사 과정을 마치겠다.

공부하자!!!!

친구들은 IVY, SKY로 간다.

훌륭한 친구들에게 뒤처지지 말자!!!

그날 쪽지에 쓴 내용 중 일부이다. 친구들이 어떠한 미래를 살아가더라도, 꿀리지 않을 내 미래를 가상으로 설정한 것이다. 실제로 쪽지에 적은 대로 내가 살아간다면, 어떠한 모습의 친구들을 마주하더라도 열등감을 느끼지 않을 것 같았다.

하루 종일 게임만 하던 자퇴생이 이루기에는 너무 버거운 미래가 분명했다. 아마 그때 누군가가 내가 쓴 쪽지를 보았다면 '정신 나간 놈'이라고 욕했을지도 모른다. 하지만 극심한 스트레스 속에서 설정했던 내 버거운 미래는 현재 상당 부분 현실이 되었다.

이처럼 극심한 스트레스는 자신의 한계에 도전해 초현실적인 일을 가능하게 만든다. 그러므로 스트레스가 너무 심하면 그만큼 내가 더 크게 성장할 수 있는 기회라고 생각하자. 너무 두려워하거나 힘들어할 필요가 전혀 없다.

하면 된다,
다만 시간이 걸릴 뿐이다

'나는 무조건 되는 놈이다'라는 주문

"어떻게 공부해서 서울대에 갔어요?"

멘토링 활동 때 가장 많이 듣는 질문이다. 나도 가끔 스스로에게 이런 질문을 했다.

'대체 나는 어떻게 서울대에 갈 수 있었을까?'

답은 의외로 간단하다. '자신감'이었다. 그것도 아무런 근거도 없는 자신감, 근자감이었다. 근자감의 위력을 직접 경험해 보지 않은 사람은 근자감으로 서울대를 갔다는 내 얘기를 믿기 어려울 것이다. 하지만 사실이다. '나는 된다. 나는 무조건 되는 놈이다'라는 근자감이 나로 하여금 재수를 결정하게 했고, 결국 서울대에 갈 수 있게 했다.

많은 학생들이 궁금해했다. 대체 얼마나 독한 마음을 먹어야 재수하겠다는 결정을 할 수 있느냐고. 솔직히 말하면 별 거 없다. 대단한 사고 과정을 거쳐 심사숙고한 끝에 내린 결정이 아니다.

힘겹게 사투를 벌이는 할아버지를 뵙고 서울로 가는 기차를 탔을 때만 해도 나는 자신이 없었다. 이번 수능도 운이 좋아 점수가 잘 나온 것인데, 내년에 수능을 본들 이보다 더 잘 볼 수 있을 것 같지가 않았다. 나는 이미 내 한계에 도달한 것 같았고, 서울대는 내가 이룰 수 없는 목표처럼 보였다. 또한 단순히 실력만으로 서울대를 갈 수 있는 것 같지도 않았다. 인간의 힘으로는 어찌할 수 없는, 어떤 불가항력적인 외부 힘에 의해서 선택을 받은 소수의 학생만이 통과할 수 있는 관문처럼 느껴졌다.

온통 불안하고 부정적인 생각들이 머릿속을 휘젓고, 당장이라도 포기하고 싶은 마음이 굴뚝 같았다. 그럼에도 마음 한 켠, 아주 작은 곳에서 '할 수 있을지도 모른다'는 작은 희망의 불씨가 있었다. 곧 꺼질 듯 위태로운 희망의 불씨에 눈을 돌려 조금 힘을 실어주는 순간, 그 작은 불씨는 순식간에 활활 타오르기 시작했다.

'일 년을 더 준비하면 그래도… 점수가 오르지 않을까?'

'공부를 더 하는데 설마 내려가겠어?'

'그래, 까짓거! 죽었다고 생각하고 한 번 해보자!'

서울대를 목표로 한 재수를 이렇게 눈 깜짝할 사이에 결정했다.

정확한 시간은 모르지만 근거 없는 자신감에 귀를 기울이고, 결정을 내리기까지 단 십 초도 안 걸린 것 같다.

결정을 한 다음에는 번복할 수 없도록 스스로 배수진을 쳤다. 우선 주변인들에게 재수하겠다는 소식을 알리고 휴대폰을 해지시켰다. 지금의 내가 봐도 당시 나의 의지는 대단했다. 다시 그때 상황으로 돌아가면 또다시 과감하게 재수를 결정하고 배수진을 칠 수 있을까? 쉽게 답을 할 수 없을 정도로 그때의 나는 과감했고, 발 빠르게 실천으로 옮겼다. 그러한 결정의 기저에는 '아무리 망해도 이번 성적보다는 잘 받을 수 있을 것 같다'는 근거 없는 자신감이 깔려 있던 것은 두말할 필요도 없다.

이후 나는 '과연 내가 서울대에 갈 수 있을까?'를 더 이상 고민하지 않았다. 대신 마음이 약해지거나 불안해지려 하면 '나는 무조건 되는 놈이다'라는 주문을 외웠다.

근거 없는 자신감이라도 가져야 한다. 진짜 자신감도 아닌 근자감이 무슨 힘이 있겠느냐고 생각하겠지만 그렇지 않다. 우리 뇌는 상상과 현실을 구분하지 못한다. 상상이 생생하면 할수록 뇌는 상상이 곧 현실이라 착각한다. 실제로 상상할 때 작용하는 뇌 부위와 실제 경험할 때 움직이는 뇌 부위가 같다는 것이 연구결과에 의해 밝혀졌다. 따라서 자신이 없더라도 '나는 무조건 되는 놈이다'라는 주문을 외워 보자. 목표를 이룬 자신의 모습을 상상하면 근거 없는 자신감은 진짜 자신감으로 변한다.

또 한 가지, '나는 무조건 되는 놈이다'라는 주문을 외우면 우리 뇌의 긍정 회로가 작동한다. 뇌에는 좋은 기억을 저장하는 긍정 회로와 나쁜 기억을 저장하는 부정 회로 두 가지가 있다. 일반적으로 좋은 기억이나 긍정적인 생각을 하면 긍정 회로가, 나쁜 기억이나 부정적인 생각을 하면 부정 회로가 활성화된다. 근자감이 중요한 이유도 여기에 있다. '나는 할 수 있다'고 긍정적으로 생각하면 긍정 회로가 작동하며 점점 자신감을 키울 수 있지만 자신 없어 하면 부정 회로가 켜지면서 점점 자신감을 잃기 쉽다.

자신감만 있으면 공부는 누구나 잘할 수 있다. 멘토링을 하다 보면 생각보다 스스로를 믿지 못하는 학생들이 너무 많다. 제발 좀 자신감을 갖기 바란다. 근자감이어도 괜찮다. '나는 되는 놈이다', '하면 된다'는 자신감만 있으면 생각보다 세상은 만만하다.

존버(존나게 버티는) 정신을 기억해라

근자감과 더불어 꼭 필요한 것이 '존버 정신'이다. 이미 많이 알려진 말이지만 혹시라도 생소한 독자늘을 위해 간단하게 설명하겠다. '존버 정신'은 '존나게 버티는 정신'의 줄임말이다. 이 말을 처음 한 사람은 소설가 이외수 선생님이다. 한 젊은 스님이 이외수 선생님과의 짧은 인터뷰에서 다음과 같이 물었다.

"요즘 힘들게 살아가고 있는 젊은 사람들에게 해주고 싶은 말을 해주세요."

"존버 정신을 잃지 않으면 됩니다."

"아, 존버 정신… 그런데 선생님, 대체 존버 정신이 뭐예요?"

"스님, 존버 정신은 존나게 버티는 정신입니다."

뭔가 대단한 의미를 기대했다면 다소 실망할 수도 있지만 나는 '존버 정신'이야말로 공부하는 학생들에게 꼭 필요한 정신이라고 생각한다. '강한 자가 살아남는 것이 아니라 끝까지 살아남은 자가 강한 것이다'라는 말도 결국 존버 정신의 중요성을 그대로 반영하고 있다.

존버 정신은 공부뿐만 아니라 어떤 일을 하든 꼭 필요하다. 2014년 서울대학교 재학 시절, 나는 '엄알비(엄마만 알고 있는 비밀)'라는 교육 커뮤니티를 창업했다. 목표도, 미래도 없이 공부하느라 힘들어하는 학생들에게 조금이라도 도움을 주기 위해 시작한 사업인데 초창기부터 고전을 면치 못했다. 나름 철저한 계획과 준비를 하고 시작했는데도 미처 예상하지 못했던 변수들이 여기저기서 튀어나왔다. 공부를 할 때 부딪치는 현실과는 또 다른, 냉혹하기 그지없는 현실이었다.

하루하루 막막하기만 했던 시절, 함께 엄알비를 시작했던 친구와 자주 했던 말이 있다.

"야, 솔직히 말해서 죽어라 하면 세상에 안 되는 게 어디 있냐? 단지 얼마나 걸리느냐의 문제지. 일단 무조건 버텨 보자!"

서울대 재수를 결정할 때처럼 '나는 무조건 된다'고 스스로 주문을 걸면서 버텼다. 처음에는 무작정 학생들과 학부모가 모여 있는 곳을 찾아다녔다. 학교, 학원, 카페 등을 돌아다니며 무료로 아이들을 멘토링해 주겠다며 딱 두 시간만 내달라고 부탁했다. 하지만 그들에게는 나와 두 시간 동안 이야기하는 것보다 학원에서 공부하는 두 시간이 더욱 소중했다. 그렇게 첫 두 달은 아무런 성과 없이 수많은 학교, 학원, 카페 등을 돌아다니기만 했다.

그럼에도 악착같이 버텼다. 하루하루를 있는 힘을 다해 버티는 동안 우리의 진정성에 감동한 사람들이 도움을 주기 위해 손을 내밀었다. 그리고 그때 비로소 변화가 일어났다. 카페를 아예 통째로 빌려서 강연을 하고, 중학교 강당에서 전교생들에게 나의 이야기를 들려주고, 대강당 홀에서 300명이 넘는 학부모에게 학습에 대한 강연회를 진행할 수 있었다. 지금까지 강의를 하면서 만난 친구들이 대략 5천 명은 넘는 것 같다. 그렇게 되기까지 매일 밤 막차에 올라타서 친구와 되뇌이던 것은 '존버 정신'이었다.

공부도 마찬가지다. 나는 똑똑한 사람이 공부를 잘하는 것이 아니라 끝까지 버텨 낸 사람이 잘한다고 생각한다. 물론 시간은 차이가 날 수 있다. 똑같은 목표를 설정했더라도 어떤 사람은 단일 년 만에 이루고, 어떤 사람은 2~3년이 걸리기도 한다.

인디언들이 기우제를 지내면 꼭 비가 온다고 한다. 그들의 기우제에 무언가 특별한 비법이 있는 것일까? 아니다. 인디언들이 100

퍼센트 성공률을 보이는 것은 비가 올 때까지 기우제를 지내기 때문이다. 인디언들이 기우제를 지내듯이 공부를 잘할 수 있을 때까지 악착같이 버텨라. 그러면 분명 된다.

끝까지 버틸 수 있는 중요한 팁 하나! 터널 안에 있을 때는 끝이 있다는 것을 확신하지 못한다. 그래서 더 불안하고 버티기가 어렵다. 언제 끝날지 생각하지 마라. 그저 오늘 하루 최선을 다해 버티면 된다고 생각하자. 하루 정도는 누구나 버틸 수 있다. 그렇게 하루하루를 버티다 보면 끝이 보이고, 입시 전쟁에서 승자가 될 수 있을 것이다.

즐기다 보면 잘하게 된다

나는 지금껏 공부는 재미로 할 수 없다고 여러 번 말했다. 지금도 그 생각에는 변함이 없다. 하지만 공부가 재미있어 즐길 수 있으면 그야말로 게임 끝이다. '지지자 불여호지자 호지자 불여락지자(知之者 不如好之者 好之者 不如樂之者)'라는 말이 있다. '아는 사람은 좋아하는 사람만 못하고, 좋아하는 사람은 즐기는 사람만 못하다'는 의미로 이미 많이 회자된 격언이다.

지금까지 약 5천여 명에 달하는 학생들을 멘토링하면서 특히 기억에 남는 아이가 있다. 바로 이찬규라는 학생이다. 찬규는 중학생이라기에는 믿기지 않을 정도로 체구가 작았다. 또래 친구들보다 한 뼘은 더 작아 보이는 찬규는 왜소한 체구만큼이나 목소리도 작았다.

서울대학교에서 진행된 멘토링에서 찬규를 처음 만났다. 첫날은 찬규가 아닌 다른 친구들에게 더 관심을 갖고 멘토링을 진행했다. 그도 그럴 것이 찬규는 적극적이지 않았다. 별다른 질문도 하지 않았고 집중해서 듣는 것 같지도 않았다. 한마디로 멘토링에 큰 관심이 없는 듯이 보였다. 그런 데다가 멘토링 참가를 위해 찬규가 작성한 기본 정보를 보니 50점을 넘는 과목이 없었다. 거의 전 과목 50점 이하이기에 흥미가 없는 게 당연하다고 생각했던 것 같다.

하지만 4주 동안 멘토링을 진행하면서 나는 찬규의 모습에 놀랐다. 멘토링을 할 때는 매일 과제를 준다. 찬규는 멘토링 현장에 있는 그 어떤 학생보다도 열심히 과제를 했다. 찬규가 매일 제출한 과제에는 열심히 한 흔적이 고스란히 보였다.

열심히 한 것과 성적은 꼭 비례하지 않는다. 제일 열심히 멘토링에 참여했음에도 찬규의 데일리 테스트 성적은 항상 하위권이었다. 4주가 다 끝날 때까지 찬규의 성적은 크게 오르지 않았다. 하지만 나는 최고의 멘티로 찬규를 뽑아 칭찬했다.

멘토링 마지막 날 찬규 어머니를 만났다. 어머니에게 들은 이야기는 그동안 찬규가 보여 주었던 모습보다 더 놀라웠다.

"찬규가 사실 어려서부터 심장병을 앓았어요. 그래서 한창 키가 커야 할 시기에… 많이 아파서 키가 못 컸어요. 저는 찬규가 공부 같은 거 안 하고 그냥 건강하게만 자라면 좋겠는데… 어느 날 서울대학교 멘토링에 가고 싶다고 말하더라고요. 아니, 가겠다고요. 심지어 필요한 모든 돈은 그동안 자기가 모아온 돈으로 내겠다고 하더라고요."

어머니의 이야기를 듣고 장담했다. 찬규야말로 진정으로 공부를 즐길 줄 아는 아이다. 단지 좋은 성적을 받기 위해 공부하는 학생은 결코 공부가 재미있을 수 없다. 하지만 찬규는 성적과 상관없이 공부 자체를 즐겼다. 유년기의 어려움을 극복하고 이제 막 공부의 걸음마를 떼는 찬규가 보여 준 열정도 내가 지금껏 만나 본 어떠한 중학생보다 대단했다. 공부를 즐길 줄 알고 열정까지 대단한 찬규의 미래는 더 볼 것도 없다. 앞으로 10년 뒤, 찬규는 분명 지금 이 순간 자기가 꿈꾸는 미래를 살아가고 있을 것이다.

즐긴다고 다 잘할 수 있는 것은 아니다. 노래나 춤처럼 타고난 재능을 필요로 하는 분야가 있다. 하지만 공부는 예외다. 재미있게 즐길 수 있으면 누구나 잘할 수 있다. 찬규처럼 말이다.

엉덩이 힘은 세다

'지지자 불여호지자 호지자 불여락지자(知之者 不如好之者 好之者 不如樂之者)'와 비슷한 말로 '천재는 노력하는 자를 이길 수 없고, 노력하는 자는 즐기는 자를 이기지 못한다'는 말이 있다. 조금 의미가 다르기는 하지만 기본적인 맥락은 같다.

즐길 수 있다면 그보다 좋은 일은 없다. 하지만 공부를 즐기기란 쉬운 일이 아니다. 어차피 공부는 힘들다. 시종일관 즐기면서 하는 것은 하늘의 별 따기처럼 어렵다. 그렇다면 노력하는 길밖에 없다. 힘들고 싫증이 나도 진득하게 엉덩이를 의자에 붙이고 공부하면 된다. 공부하는 방법을 몰라도 괜찮다. 머리가 나빠도 상관없다. 곰처럼 인내하면 공부는 반드시 보답한다. 그것을 증명해 준 멘티가 현호라는 아이다.

2014년 1월에 만난 현호는 다이아몬드 원석 같은 느낌이었다. 무언가 정제되지 않은 학생의 모습. 주먹구구식으로 그 잠재력을 다 발휘하고 있지 못하는 모습이었다. 멘토링 캠프 기간 내내 같이 생활하며 본 현호는 놀라움을 자아냈다. 공부 방법에 있어서 뚜렷한 본인만의 체계를 정립하지 못한 현호는 매우 단순무식하게 공부했다(결코 비난이 아니다. 엄청난 칭찬이다). 바로 엉덩이 힘이었다.

현호는 캠프 기간 내내 그 누구보다 늦게 잤으며, 그 누구보다 일찍 일어났다. 심지어 모두가 잠든 새벽 3시까지 화장실 불을 켜고, 문 앞에 엎드려 공부를 할 정도였다. 만약 현호가 자신만의 공부 방법을 찾기만 한다면 그 순간 현호는 이 세상에서 가장 빛나는 다이아몬드가 될 거라 믿어 의심치 않았다.

일주일이라는 캠프 기간 동안 나는 현호에게 스스로의 공부 방법을 찾아볼 것을 조언했다. 아쉽게도 캠프가 끝날 때까지 모든 공부 방법을 체계화시키지는 못했다. 나에게 최적화된 공부 방법을 흡수하는 것이 고작이었다. 하지만 그로부터 정확히 1년 10개월 뒤 현호로부터 반가운 문자가 왔다.

「우빈쌤ㅋㅋ 저 용인외고 합격했어요ㅋㅋㅋ」

들어가기 어려운 용인외고에 합격했다면 그동안 현호가 어떻게 공부했을지는 충분히 짐작하고도 남는다. 어쩌면 나와 헤어진 후 공부하면서 스스로의 공부 방법을 정립했을 수도 있다. 하지만 더 중요한 것은 현호의 끈기다. 아무리 자기만의 공부 방법을 터득했더라도 엉덩이를 의자에 붙이면서 공부하는 끈기가 없었더라면 용인외고 합격은 결코 쉽지 않았을 것이다.

사실 단시간에, 쉽게 성적을 올려주는 공부 방법은 세상에 없다고 생각한다. 그 어떤 공부 방법도 노력을 하지 않고 마법처럼 공부를 잘할 수 있게 해주지 않는다. 결국 꾸준한 노력만이 답이다. 즐길 수 없다면 요령 피우지 말고 진득하게 엉덩이를 붙이자. 그러면 누구나 공부를 잘할 수 있다.

결국에는 독한 놈이
이긴다

한시적인 '자따' 되기

'서울대'라는 새로운 목표를 정하고 나서부터 나는 2009년 한 해를 정말 지독하게 살았다. 누가 시키거나 강요하지도 않았지만 독하지 않으면 서울대에 합격할 수 없다는 생각에 자발적으로 독종이 되었다.

나는 철저히 혼자였다. 혼자 공부하고, 혼자 밥을 먹었다. 쉬는 시간에는 이어폰을 꽂고 다른 사람들이 말을 걸어오지 못하도록 차단했다. 가끔 유일하게 말을 섞었던 친구가 딱 두 명 있었다. 같이 용인외고를 다녔던 친구들이다. 학원에서 우연히 만났는데 이미 친분이 있었기에 이야기를 나눈 것이다.

그 둘을 제외하고는 그 누구와도 말 한마디 하지 않았다. 그러다 보니 나를 좋지 않은 시선으로 보는 사람들도 생겼다. 속된 말로 '싸가지가 없다'고 보는 것이었다. 억울하기도 하지만 한편으로 생각하면 당시 내 모습이 충분히 그렇게 보일 수도 있었을 것이다. 누군가 종종 말을 걸어오면 용건만 간단히 대답하고 입을 굳게 다물었으니 좋게 볼 리 만무하다. 심지어는 바로 옆자리에 앉은 친구와도 말을 하지 않았으니 싹수가 틀렸다고 생각하는 것이 당연하다. 주변에서 따가운 시선이 느껴졌지만 그래도 나는 스스로를 모두로부터 차단했다.

그렇게 철저하게 스스로 왕따가 되어 공부하다가 수능 전 마지막으로 학원에 간 날, 드디어 입을 열었다. 별다른 뜻이 있던 것은 아니다. 내일이면 일 년 동안 준비한 수능인데, 같은 교실에서 일 년 동안 고생한 친구들에게 잘 보라는 응원 한마디는 하고 싶었다. 지금 생각해 보면 내가 더 응원을 받고 싶었던 것 같다.

"수능 대박 내고 보자!"

"응? 그래, 너도 수능 잘 봐…."

서로가 어색했다. 친구들의 표정은 하나 같이 쟤 갑자기 왜 저러나 싶은 표정이었다. 수능을 마치고 난 뒤에야 오해를 풀 기회가 있었다. 학원에서 일 년 동안 동고동락한 친구들이 강남역에서 모인 적이 있는데, 용인외고 친구들이 나를 불러주어 참석할 수 있었다. 그 자리에서 나는 왜 그렇게까지 독해져야 했는지를 설명했다. 친구들은 "그래도 그렇지, 어떻게 말 한마디 안 할 수가 있느냐?"고 말하면서도 흔쾌히 나를 받아주었다.

독종으로 살면 오히려 편하다

2009년 한 해 동안 월, 화, 수, 목, 금요일에는 우리 가족 누구도 내가 자는 모습을 보지 못했다. 앞서 하루 일과에서 밝혔듯 평일에는 새벽 2시 30분부터 5시까지 딱 두 시간 반만 잤다. 예외적으로 토요일만 8시간 잠을 자며 부족한 수면을 보충했다. 지금도 그때의 습관 때문에 8시간 이상을 못 잔다.

지하철 2호선 첫차는 새벽 5시 30분에 출발한다. 나는 매일 아침 첫차를 탔다. 새벽에 지하철 첫차를 타는 사람들은 대부분 나이가 지긋하신 분들이다. 잠시나마 따뜻한 열차 안에서 휴식을 취하다가 열차가 정차하는 곳마다 삼삼오오 내린다. 그분들은 우리보다 보통 3시간씩 먼저 하루를 시작하는 셈이다.

한 해 동안 나는 그분들과 함께 하루를 시작했다. 같은 버스를 타고, 같은 지하철을 타고, 같은 정류장에서 내렸다. 그리고 새벽 6시가 되어 학원 철문이 열리기를 기다렸다. 철문이 올라가면 경비 아저씨와 인사를 하며 가장 먼저 학원에 들어갔다.

왜 군이 새벽 5시에 일어나서 학원에 6시까지 갔어야 했을까? 왜 꼭 그 누구와도 이야기를 하지 않고 혼자여야 했나? 마치 인간의 한계에 도전이라도 하듯 하루에 두 시간 반만 자면서 공부했어야 할까?

경험해 보지 않은 사람은 왜 그렇게까지 독하게 공부하는지 이해하지 못할 수도 있다. 독하지 않으면 목표를 이룰 수 없다. 나뿐만 아니라 제일 먼저 학원에 도착했던 친구가 있었다. 종종 나보다 빨리 학원에 도착해서 4층 불을 밝히던 친구다. 아니, 정확히 말하면 친구는 아니었다. 그냥 같은 층에서 수업을 듣는 '빨리 오는 독종 수험생'이었다. 일 년 동안 같은 층에서 공부하면서도 단 한 번을 얘기한 적이 없다. 하지만 그 친구는 내 라이벌이었다. 나와 함께 학원을 가장 먼저 밝혔던 그 친구 역시 서울대에 진학했다. 여담이지만 그 친구와는 연이 닿아서 서울대학교에 진학한 후 서로 교류하는 진짜 친구가 되었다.

사실 목표를 이룬 것은 두 번째 이유다. 더 중요한 이유가 있다. 입시생들은 누구나 불안하다. 재수생들은 더욱 그렇다. 매일 공부를 하면서도 마음 한 켠에 도사리고 있는 불안감을 떨치기가 어렵다. 그런 불안감을 떨쳐 버리고 편하게 공부할 수 있는 방법이 있다. 바로 매일 이보다 더 열심히 할 수 없다고, 스스로도 인정할 만큼 최선을 다하는 것이다. 바로 지금, 오늘을 살아가는 수십만 명의 수험생 중에서도 내가 가장 열심히 살고 있다고 생각하는 순간 마음이 편안해진다.

나는 매일 잠자리에 들면서 딱 한 가지만 생각했다.

'오늘 하루 진짜 열심히 살았다. 후회 없다.'

머릿속에 그 생각만 떠오르도록 매일 최선을 다했다. 장담하건 대, 나는 2009년 한 해를 살았던 60억 명의 인구 중에서 가장 열심히 산 100명 안에 들 자신이 있다. 모순된 이야기 같지만, 누구보다 치열했기에 누구보다 편안한 한 해를 보낼 수 있었다.

제3장

버티는 힘을 기르는 법
_공부 육하원칙

누구(Who)는
이미 정해져 있다

공부는 처음부터 끝까지 내가 주인공이다

공부에도 육하원칙이 있다. 누가(Who), 언제(When), 어디서
(Where), 무엇을(What), 어떻게(How), 왜(Why)에 대한 답은 곧 내
가 왜 공부를 해야 하는지를 확인하고, 나에게 가장 맞는 공부 환
경과 방법을 스스로 찾게 해준다.

육하원칙 중 Who는 사실 너무도 분명하다. Who의 주인공은
바로 '나'다. 그 누구도 대신해 줄 수 없다. 아무리 힘들어도 내가
주체가 되어 할 수밖에 없는 것이 바로 공부다.

재미있는 상상을 한 적이 있다. 과학이 아주 많이 발전하면 꼭
힘들게 공부하지 않아도 우리가 알아야 할 지식을 두뇌에 넣어주

는 첨단기기가 개발되지 않을까? 그렇게 되면 10여 년이 넘게 대학 입시를 위해 치열하게 공부할 필요도 없고, 대학에 가서도, 사회에 진출해서도 새로운 지식을 공부하느라 고생하지 않아도 될 텐데 말이다.

현재의 과학기술 발전 속도를 보면 현실적으로 아주 불가능한 일은 아니라고 생각한다. 하지만 과연 인간이 스스로 두뇌를 발전시키지 않고, 외부적인 도움으로 필요한 지식을 얻는 것이 옳은 일일까?

공부는 단순히 지식을 습득하는 과정이 아니다. 공부를 하면서 생각할 수 있는 힘을 기르고, 무엇이 옳고 그른지를 판단하는 데 필요한 다양한 경험과 배경지식을 습득하는 과정이다. 그런데 편안하게 자동차에 기름을 넣듯 지식을 두뇌에 집어 넣는다면 생각하고 판단할 수 있는 힘을 기를 수 있는 소중한 기회를 잃어 버리게 된다. 생각하고 판단할 수 없다면 그것이 과연 인간이라고 할 수 있을까?

나는 정말 지식을 주입시켜 주는 기계가 있더라도 기계의 힘을 빌어 지식을 얻고 싶지는 않다. 힘들어도 스스로 공부해 지식도 쌓고, 생각하는 힘을 기르고 싶다.

또한 공부는 나를 위한 것이다. 그럼에도 마치 내가 아닌 다른 누군가를 위해 공부하는 것처럼 생색내는 학생들이 생각보다 많다. 다른 누군가는 대부분 부모님이다. 교육열이 높은 부모님일수록 자녀가 열심히 공부하기를 원하면서 지원을 아끼지 않는다. 그런 부모님들의 간절한 마음을 보면 마치 부모님을 위해 공부하는 것 같은 착각을 할 수도 있다.

하지만 공부는 처음부터 끝까지 내가 주인공이다. 공부를 하는 것도 나고, 공부로 이룬 달콤한 결실을 얻는 것도 나다. 공부를 하고, 안 하고를 선택할 수 있는 것도 나다. 공부를 하는 것도, 결과에 대한 책임을 질 수 있는 것도 오직 '나'뿐이라는 것만 확실히 알아도 불필요한 소모전으로 기운을 빼는 일은 반으로 줄어든다.

Who를 모르면 남 탓만 한다

용인외고를 자퇴하고 혼자 독서실에서 공부하던 시절, 나는 종종 부모님과 충돌하고는 했다. 그때는 부모님이 사사건건 나를 간섭한다고 생각했다. 그냥 가만히 내버려 두면 좋으련만 부모님은 독서실에서 돌아온 내게 꼭 말을 건넸다.

지금 생각하면 그때 부모님은 고독한 하루를 보내고 온 아들의 말동무가 되고 싶으셨던 것 같다. 힘들었을 아들을 조금이라도 도와주고 싶은 마음에 "오늘 힘들었지?", "밥은 잘 먹고 공부했니?" 등 당연히 할 수 있는 이야기를 했지만 그 당시 나에게는 간섭으로만 느껴졌다.

사실 부모님의 관심을 간섭으로 느끼고 싫어했던 이유는 '나'에게 있었다. 자퇴 후 공부에 집중하지 못하고 매일 PC방에서 게임을 하거나 PMP로 영화를 보고, 만화책을 보았다. 그렇게 하루 종일 허송세월하고 집에 돌아와 부모님을 보면 죄송스러웠다. 방귀 뀐 놈이 성낸다고, 떳떳하지 못하니 괜히 툴툴거리고, 부모님이 하는 말을 있는 그대로 듣지 않고 퉁명스럽게 받았던 것이다.

만약 내가 독서실에서 착실하게 공부했다면, PMP로 영화를 보지 않고 인터넷 강의를 들었다면, 만화책이 아닌 수학 문제집을 풀었다면 어땠을까? 아마도 떳떳하게 부모님 얼굴을 쳐다보며 '대화'를 할 수 있었을 것이다. 괜한 오해로 의견충돌을 빚고, 서로 마음이 상하지는 않았을 것 같다.

흔히 부모의 관심은 아이를 성장시키고, 간섭은 아이의 성장을 방해한다고 한다. 아이에 대한 관심과 간섭의 주체는 일차적으로 부모다. 하지만 내 경험으로는 관심과 간섭은 한 끗 차이다. 부모는 똑같은 마음이어도 내가 어떻게 받아들이느냐에 따라 관심이 될 수도, 간섭이 될 수도 있다.

민사고를 준비하던 중학교 시절, 어머니는 나의 커다란 버팀목이었다. 새벽 2시 학원에서 돌아오면, 어김없이 버스정류장에 어머니가 나를 기다리고 계셨다. 결코 치안이 위험해서가 아니었다. 그냥 아들의 말동무가 되어 주기 위해서였다.

집에 도착한 나는 씻자마자 주방에 앉았다. 그러면 어머니는 매일 다른 재료가 들어가는 샌드위치를 해주셨다. 새벽 2시가 넘은 시간에 나는 항상 샌드위치와 우유 한 잔으로 배를 채우고 잤다. 바닥에 이불을 깔고 누우면 부엌에서는 달그락달그락 소리가 들렸고, 문 아래 틈으로 부엌 불이 새어 들어왔다. 나는 잠자리에 누웠지만, 어머니는 부엌을 정리하느라 더 늦게 주무셨다. 적막함을 무척이나 싫어했던 나에게 부엌에서 들려오는 소리와 문틈으로 새어 들어오는 빛은 마치 포근한 자장가와 같았다.

그러던 어느 날, 버스 정류장에 어머니께서 나와 계시지 않았다. 그러려니 하고 별 생각 없이 집에 들어왔는데, 어머니께서 거실 소파에 앉아 꾸벅꾸벅 졸고 계셨다. 마중 나갈 새벽 2시를 기다리다가 그만 잠이 드신 것이다.

그 모습을 본 순간 마음 한 켠이 아련하게 아파왔다. 민사고에 가고 싶은 내 욕심을 위해 고생하시는 어머니가 그제야 보인 것이다. 이후 그렇게 나오시지 말라고 얘기를 해도, 어머니는 민사고 시험을 보는 마지막 날까지도 나오셨다. 그런 어머니가 있었기에 나는 중학생이 감당하기에는 너무나도 버거운 하루하루를 버틸 수 있었고, 마지막 날까지 최선을 다할 수 있었다.

중학교 때나 용인외고 자퇴 후 독학을 할 때나 어머니의 마음은 똑같았다. 그런데 중학교 때는 어머니를 고맙게 여기고, 자퇴 후에는 간섭으로 받아들이며 귀찮아했던 이유는 '나'에게 있었다. 스스로에게 떳떳할 때는 어머니의 관심과 배려를 그대로 받아들일 수 있었던 반면 당당하지 못할 때는 스스로 주눅이 들어 관심을 간섭이라 왜곡하고 자신을 방어했던 것이다.

공부에 관한 한 모든 문제의 근원은 '나'다. 그럼에도 여전히 공부를 잘할 수 없는 이유를 내가 아닌 다른 데서 찾는 학생들이 많다. 부모님이 간섭이 너무 심해 공부 의욕이 떨어진다느니, 공부방이 따로 없어 집중을 못한다느니, 좋은 학원을 보내주지 않아 성적이 잘 나오지 않는다느니 이유도 참 많다.

남 탓을 하면 잠시 마음이 편안할 수는 있어도 공부를 하는 데는 아무런 도움이 되지 않는다. 진짜 원인은 언제나 '나'에게 있기 때문이다. Who가 '나'임을 인정할 때 공부를 방해한다고 생각하던 수많은 외부적 요인들이 거짓말처럼 사라지고, 내 안의 문제가 비로소 보일 것이다.

왜(Why)
공부할 것인가?

Why는 주관적이다

Why는 공부를 해야 하는 동기를 찾는 과정이다. 스스로 왜 공부를 해야 하는지 답을 찾고 공부를 할 때와 그냥 막연하게 할 때는 과정도, 결과도 하늘과 땅 차이다. 동기가 없으면 자발적으로 공부하기가 어렵다. 애써 공부해도 결과 또한 만족스럽지 못한 경우가 많다.

무조건 공부를 하기보다 스스로에게 Why라는 질문을 던져보자. 보통 '왜 공부를 해야 하는가?'를 질문하면 거창한 대답만을 생각하기 쉬운데, 개인적인 경험으로는 동기는 지극히 주관적이다. 남들이 보기에는 별것 아닌 것 같은 동기도 개인에게는 공부를 하게끔 하는 엄청난 원동력이 될 수 있다.

어떤 동기여도 좋다. 또한 Why는 상황에 따라 달라질 수도 있다. 나의 경우 공부해야 할 이유는 그때그때 달랐다. 중학교 때는 민사고에 진학해 파란 잔디 위에서 축구를 하고 싶다는 이유로 공부했다. 자퇴 후에는 속된 말로 '쪽팔리지 않은 사람'이 되고 싶었다. 한 교실에서 공부하던 친구들보다 뒤처지고 싶지 않다는 마음이 공부를 해야 할 강력한 이유가 되었다. 외할아버지가 돌아가신 후에는 할아버지의 소원을 꼭 이루어 드리고 싶어 매일 매일 마지막 날인 것처럼 최선을 다해 공부했다.

돌이켜 보면 나를 공부하게 만들어 준 동기는 딱히 정형화되어 있는 것이 아니었다. 어느 날, 불현듯 마음속 어딘가에 있던 불씨가 활활 타오르듯 공부해야 할 강력한 동기가 나를 찾아왔다. 어찌 보면 나는 운이 좋은 편이다. 특별히 내 안의 동기를 찾으려 애쓰지 않았는데도 Why에 대한 답을 찾을 수 있었으니까 말이다.

하지만 모두 나와 같을 수는 없다. 내가 그랬듯이 어느 날, 우연히 공부를 해야 할 강력한 동기를 만나면 좋겠지만 그렇지 않을 가능성이 훨씬 크다. 막연하게 기다리지 말고 좀 더 적극적으로 동기를 찾아야 한다. 작은 것이라도 괜찮다. 아주 작은 동기라도 분명한 자기만의 동기가 있으면 당장 공부를 시작할 수 있다.

동기를 찾는 것은 선택이 아니라 필수다. 스스로에게 동기를 부여하는 것은 공부를 시작하게 하는 출발점이기 때문이다. 그럼에도 있는 힘껏 동기를 찾는 대신 합리화하는 데 급급한 친구들이 많다.

"모두가 겪는 과도기가 왔네, 지금 이 방황기가 나한테 큰 성장이 되겠지?"

"뭐, 마음만 먹으면 금방 다 따라잡고 서울대에 갈 수 있겠지?"

"나는 내신은 안 해도 되는데… 수능만 대박나면 돼!"

합리화를 할수록 공부하기는 점점 어려워질 뿐이다. 공부하지 못하고 방황하는 자신을 합리화할 명분을 찾을 시간에 진지하게 Why를 질문하자. 그 답을 찾을 때까지.

Why가 없는 결심은 모래성과 같다

Why에 대한 답은 어떤 정해진 방법으로, 어떤 장소에서 찾을 수 있는 것이 아니다. 다만 분명한 것은 자신의 미래를 진지하게 생각하다 보면 답을 찾을 수 있다는 것이다.

분명 나는 스스로 공부해서 좋은 결과를 내기 위해 자퇴했다. 그런데 막상 독서실, 대학교 도서관, 동네 도서관을 다니며 공부를 하려고 해도 잘 되지 않았다. 공부를 해야 한다는 것을 알면서도 공부 대신 게임, 영화, 만화책에 손이 갔다. 공부를 왜 해야 하는지도 모른 채 공부를 하려니 집중은 안 되고, 게임에 빠져 있으면서도 불안했다.

그러면서도 베스트셀러 작가가 된 친구들을 만나 충격을 받기 전까지 '왜?'를 찾지 못하고 방황했던 것은 미래를 구체적으로 생각해 보지 않았기 때문이다. 일부러 미래를 생각하지 않은 것인지도 모르겠다. 생각하면 두려움과 불안감만 더 커지니 애써 모른 척 회피하고 게임이나 영화 속으로 도피했던 것이다. 만약 용기를 내어 나의 미래를 진지하게 그려 보았다면 친구들로부터 자극을 받기 전에 '왜?'를 찾고 공부를 할 수 있었을지도 모른다.

미래와 연결된 Why는 힘이 세다. 내가 좋아하는 후배의 이야기다. 그 후배는 중학교 3학년 여름방학 전까지만 해도 그저 해야 하니까 억지로 공부하는 평범한 학생이었다. 공부는 시험 기간에만 벼락치기로 했다. 평소에는 수학, 영어 학원을 꾸역꾸역 다니는 것만으로 공부할 만큼 했다고 생각했다. 학원에서 내주는 숙제도 빼먹기 일쑤였고, 친구들과 놀러갈 때면 종종 빠지기도 했다.

"아무 생각 없이 지내다 문득 중학교 3학년에 올라가면서 이제 고등학교에 갈 날도 머지않았다는 생각이 들었어요. 그러다 보니 앞으로 무얼 하며 살지 진지하게 고민했지요. 그런데 정말 앞길이 막막한 거예요. 중학교 때 꿈은 '의사'였는데, 그에 대한 노력은 하나도 하지 않고 있었어요. 성적도 3년 내내 떨어지기만 하는데 막연하게 매일 허송세월만 보내고 있는 제가 스스로 너무 한심하게 느껴졌어요. 그래서 여름방학에 결심한 게 '일단 외고에 가자'였어요."

누군가가 미래를 생각해 보라고 조언한 것도 아닌데, 후배는 어리다면 어린 중학교 3학년 때 앞으로의 인생을 생각해 보고 목표를 세웠다. '외고에 간다'는 목표는 공부해야 할 이유, 즉 강력한 동기가 되었다. 후배가 외고를 목표로 한 이유는 주위 환경에 영향을 많이 받는 성향이었기 때문이다. 주변에 열심히 공부하는 친구들이 많아야 후배도 어떻게든 공부할 것 같아 일단 외고에 진학하기로 한 것이다.

Why를 찾은 이후의 후배는 180도로 달라졌다. 3학년 1학기 여름방학부터 후배는 매일 새벽 3시에 자고, 아침 8시에 일어나면서 하루에 단어를 200개씩 외우고, 영어공부를 6시간씩 했다. 그렇게 미친 듯이 공부를 하니 성적이 쑥쑥 올랐다. 방학 전에는 모의고사를 보면 20문제 중 13문제는 틀렸는데, 방학이 끝나갈 무렵에는 무려 15개까지 맞힐 수 있었다.

공부도 가속도가 붙는 법이다. 공부하면서 실력의 변화를 직접 눈으로 확인하면서 후배는 재미를 느끼고 공부에 박차를 가했다.

"정말 그때 당시에는 깨어 있는 내내 머릿속에 들어있는 생각이 온통 공부밖에 없었어요. 엄마 아빠가 적당히 하라고 말릴 정도였다니까요. 그렇게 하니까 운도 따라주었는지 원하던 외고에 합격했어요."

원하는 외고에 갔다는 기쁨은 잠시. 외고에서 공부를 잘하는 친구들을 많이 보면서 후배는 한때 무척 힘들어했다고 한다. 처음에는 중학교 내내 탄탄하게 공부 습관을 잡아온 친구들을 따라가기가 버겁기만 했다. 그래도 '기왕 공부하기로 결심한 거, 과연 어디까지 할 수 있는지 보자'는 생각으로 공부했다.

오기와 승부욕만으로는 끝까지 공부하기 힘들었을 것이다. 후배는 구체적으로 가까운 미래를 그렸다.

"이왕이면 대학생활을 모두가 최고라고 인정하는 대학에서 해보고 싶었어요. 도대체 어떤 점에서 그렇게 좋은 걸까? 과연 서울대라는 곳의 분위기는 어떨까? 직접 다니면서 느껴보고 싶었어요. 성인이 되고나서 처음으로 소속되는 곳인데, 이왕이면 내가 원하는 곳으로 가고 싶었거든요."

결국 후배는 원하는 대학에 들어갈 수 있었다. 만약 후배가 막연하게 '서울대에 가야 한다'고 생각했다면 끝까지 열심히 하지 못했을 것이다. 구체적으로 서울대에 가서 무엇을 할 것인지를 그렸기 때문에 동기가 강력해졌고, 그만큼 끝까지 지치지 않고 공부할 수 있었다.

앞으로 다가올 미래는 내가 곧 겪게 될 현재다. 그렇기 때문에 미래를 구체적으로 그릴수록 지금 내가 왜 공부를 해야 하는지는 분명해진다. 그러므로 아직도 Why에 대한 답을 찾지 못했다면 곧 만나게 될 미래를 그려 보자. 이왕이면 구체적이고 선명하게.

내적 동기 vs 외적 동기

Why는 다양하다. 흔히 동기를 내적 동기와 외적 동기로 구분한다. 내적 동기는 자기 내부에서 찾은 공부해야 할 이유이고, 외적 동기는 말 그대로 내가 아닌 외부에서 찾은 동기라 보면 된다. 예를 들어 공부 자체가 재미있어서, 내 꿈을 이루는 데 필요해서, 행복한 삶을 살기 위해, 지식을 많이 습득하기 위해서 등은 '내적 동기'에 해당한다. 반면 '부모님이 원하니까 혹은 부모님께 효도하기 위해', '친구들과의 경쟁에서 이기기 위해', '주변에서 인정해주니까' 등의 이유는 '외적 동기'에 속한다.

흔히 외적 동기는 내적 동기보다 약하기 때문에 내적 동기가 더 중요하다고 말한다. 실제로 공부는 다른 사람이 아니 나를 위한 것이다. 그럼에도 경우에 따라서는 남을 위한 외적 동기라도 공부를 해야 할 충분한 이유로 작용하기도 한다.

나는 부모님을 존경한다. 부모님이 내가 공부하는 이유(Why)의 전부는 아니지만 상당한 영향을 미쳤던 것은 사실이다. 어려운 환경 속에서도 최선을 다하며 사신 모습은 그대로 내 삶의 본보기가 되었다.

사람들은 대부분 내가 큰 고생하지 않고 유복하게 자랐다고 생각하지만 나의 유년기는 가난했던 기억밖에 없다. 없는 형편에도 불구하고 아버지가 학업을 위해 유학길에 올랐을 때, 어머니와 형 그리고 나도 같이 미국으로 향했다. 1990년대 초에 미국으로 유학

가면서 가난하다는 게 대체 무슨 소리일까?

아버지는 수중에 있는 돈을 모두 들고 미국에 갔다. 하지만 그 돈은 우리 네 가족이 6개월을 생활하기에 턱없이 부족한 돈이었다. 부족한 생활비를 마련하기 위해 어머니는 어쩔 수 없이 일을 해야 했다. 미국에서 우리 어머니는 불법 노동자였다. 아버지가 학교에 가면 어머니는 옆집에 우리 형제를 맡기고 식당으로 향했다. 불법 노동자 단속의 사각지대는 식당 구석에 있는 주방이 유일했다. 아버지의 유학 생활이 끝날 때까지 그렇게 어머니께서는 주방에서 설거지를 하면서 우리 가족 생활비를 충당하셨다.

아버지의 유학 생활이 끝나고 한국에 돌아왔지만 가정 형편이 하루아침에 좋아질리 만무하다. 그나마 있던 돈을 미국에 가서 다 쓰고 온 우리 가족은 한국에 돌아와서 반지하 단칸방에 터전을 잡을 수밖에 없었다. 퀴퀴한 곰팡이 냄새와 함께 우리는 항상 두부 한 모 혹은 꽁치 한 마리를 넷이서 나누어 먹었다. 당시에 영양가 있지만 제일 싼 음식이었던 것이다. 심지어 밖과 방을 이어주는 유일한 창문이 깨지고 고칠 돈이 없어서 비닐로 막고 생활한 우리였다.

이처럼 우리 부모님은 바닥에서부터 시작했다. 나는 이렇게 어렵게 현재의 삶을 일궈내신 부모님을 위해서 효도하는 아들이 되고 싶었다. 아마도 이런 유년기를 겪었다면 이 세상의 어떤 아들이라도 나와 같은 생각일 것이다. 공부를 잘하는 것이 곧 효도는 아니었지만 나는 부모님께 자랑스러운 아들이 되고 싶었고, 그런 마음이 어려운 상황 속에서도 공부를 계속할 수 있게 하는 원동력으로 작용했다.

내 경험상 꼭 내적 동기만이 공부를 지속할 수 있게 해주는 힘은 아니다. 내적 동기인지 외적 동기인지보다 동기의 절실함이 더 중요하다. 더 진정성 있고, 절실한 동기가 결국은 공부를 지속할 수 있게 한다. 또한 동기가 꼭 하나일 필요도 없다. 어떤 이유든 공부를 해야 할 동기를 제공한다면 충분한 의미가 있다.

어디(Where)에서
공부할 것인가?

누구나 자기만의 공부 환경이 따로 있다

내가 '공부 요령'을 터득한 것은 고등학교에 진학한 뒤부터다. 용인외고는 기숙사 고등학교다. 단순히 같은 학교에서 공부하거나 학원만 같이 다니는 게 아니라 하루 종일 같이 산다. 그래서 공부 잘하는 친구들의 하루 일과를 바로 옆에서 볼 수 있었다.

첫인상은 혼돈 그 자체였다. 야간 자율학습 시간이 되면 학교는 미친 동물원 같았다. 누군가는 책상을 복도로 옮겨서 공부하고, 누군가는 책을 들고 복도에 서서 공부하고, 또 누군가는 교실 뒤 사물함 위에 누워서 공부했다.

처음에는 도무지 이해할 수가 없었다. 근거는 없지만 왠지 공부 잘하는 학생들은 책상 앞에 단정하게 앉아 그림처럼 공부할 것이라 상상했다. 내 예상과는 달리 제각각 이상한 곳에서 괴상한 자세로 공부하는 학생들을 보면서 적잖은 충격을 받았다.

하지만 얼마 지나지 않아 사람마다 공부에 몰입할 수 있는 환경이 다르다는 것을 인정할 수 있었다. 교실에서 친구들과 함께 공부할 때 몰입이 잘 되는 사람이 있는가 하면, 혼자 집에서 조용히 공부할 때 집중을 잘하는 친구들도 있다. 선택의 여지가 없다면 모르겠지만 공부할 장소를 선택할 수 있다면 당연히 공부 효율을 최대로 높일 수 있는 장소를 선택하는 것이 마땅하다.

나는 추위에 벌벌 떨 때 공부 효율이 증가한다. 그래서 겨울에는 일부러 창문을 열어 놓고 공부한다. 또한 주변은 완벽하게 어둡지만 내 책상만 밝을 때 몰입도가 최고조에 달한다. 그렇다 보니 탁 트인 도서관보다는 내 책상 조명만 밝혀 주는 독서실을 애용하는 편이었다.

소리에도 민감한 편이다. 어떤 친구들은 노래를 들으면서 공부를 해야 효율이 좋다고 한다. 나는 그 어떠한 소리도 들리지 않는 고요함 속에서 가장 집중을 잘한다. 그래서 공부할 때는 귀마개를 끼고 소리를 차단한 상태에서 공부했고, 그것이 습관화되어 지금도 항상 귀마개를 들고 다닌다.

공부의 신으로 유명한 강성태 씨는 어떤 이유에서든 공부에 몰입이 안 되면 지하철이나 식당에서 공부했다고 한다. 사정을 잘 모르는 사람들이 보면 집중력이 대단해 분주하게 오가고, 시끄러운 곳에서 공부한다고 생각할 수 있지만 실은 정반대다.

이처럼 공부가 잘 되는 환경은 사람마다 다르다. 명필은 붓을 탓하지 않는다며, 공부할 마음이 있으면 장소에 구애를 받아서는 안 된다고 말할 수도 있다. 실제로 완전히 공부에 몰입할 수 있으면 어디에서든 공부할 수도 있을 것이다. 하지만 그렇게까지 집중력이 대단한 사람은 많지 않다. 대부분은 환경에 지대한 영향을 받는다. 그러므로 있지도 않은 집중력을 발휘하며 환경에 적응하려고 노력하는 대신 자기에게 가장 적합한 장소를 찾아 공부하는 편이 훨씬 현명하다.

물론 대부분의 학생들이 어떤 장소에서 가장 공부가 잘 되는지 모르는 경우가 많다. 그렇다면 먼저 다양한 장소와 환경에서 공부해 보는 것을 권한다. 장소를 바꿔 가며 공부해 보면 어떤 장소에서 공부 효율이 가장 좋은지 자연스럽게 알 수 있다.

공부에 몰입할 수 있는 환경 만들기

공부하기 좋은 장소를 찾았다고 해서 끝이 아니다. 물론 자기에게 맞는 장소를 찾은 것만으로도 큰 소득이지만 이왕이면 더 몰입할 수 있는 환경을 만드는 것이 좋다.

장소와 상관없이 공부를 방해하는 요인들이 있다. 대표적인 것

중 하나가 스마트폰이다. 스마트폰은 만능이다. 스마트폰만 있으면 못할 것이 없다. 게임, 쇼핑, 인터넷, 채팅 등 하루 종일 스마트폰만 해도 시간 가는 줄 모를 정도로 재미있는 기능들이 많다. 우리 모두가 정도의 차이만 있을 뿐, 스마트폰에 중독되어 있다고 해도 무리가 없을 정도로 너도 나도 스마트폰에 빠져 있다.

그 무엇보다도 강력하고 재미있는 스마트폰을 옆에 두고 공부에 집중하기란 쉽지 않다. 보이지 않아도 조금 시간이 지나면 혹시 문자나 카톡이 왔는지 궁금해지고, 공부가 지루해지면 '간단한 게임 한판 할까?' 하고 흔들리기 쉽다.

나는 본격적으로 공부를 시작하기 전에 가장 먼저 스마트폰부터 끊었다. 열심히 하겠다는 의지의 표현이기도 했지만 그렇게 하지 않고서는 온전히 공부에 몰입할 자신이 없었다. 꼭 스마트폰을 해지할 필요까지는 없겠지만 적어도 공부하는 시간만큼은 눈앞에서 멀찌감치 치우거나 아예 꺼놓으면 스마트폰의 유혹으로부터 어느 정도 벗어날 수 있다.

공부를 방해하는 요인이 무엇인지는 자기 자신이 제일 잘 안다. 또한 어떤 환경에서 몰입이 제일 잘 되는지를 알 수 있는 것도 나 자신 뿐이다. 공부를 방해하는 요인들은 없애고, 공부를 잘하기 위해 필요한 요소들은 추가하면서 자기에게 가장 적합한 환경을 만들도록 하자.

학원에 다닐 것인가, 말 것인가?

요즘에는 학교에서 공부하는 것으로는 모자라 당연히 학원에서 공부해야 한다고 생각하는 사람들이 많다. 학원에 다니지 않고 집에서 혼자 공부해 명문대에 진학했다는 뉴스가 가끔 나오기는 하지만 학원을 다니는 학생들이 압도적으로 많은 것이 현실이다.

"꼭 학원을 다녀야 하나요?"라고 묻는 아이들에게 나는 학원은 선택이라고 말한다. 꼭 학원이라는 장소를 가야만 공부할 수 있는 것은 아니다. 그럼에도 학원에 가서 공부하기로 마음먹었다면 학원이 나에게 어떤 의미인지를 생각해 볼 필요가 있다. 혼자 공부하기 힘들 때마다 나 역시 학원의 도움을 받았다. 그 경험을 미루어 보건대, 연령마다 학원은 조금씩 다른 의미를 지닌다. 내가 내린 결론은 이렇다.

초등학생에게 있어 학원은 친구들과 어울리기 위해 가는 장소이다. 내가 초등학생이던 당시에는 학원을 다니는 친구가 많지 않았다. 우리는 학교가 끝나면 운동장, 놀이터, 계곡, 산을 뛰어다니며 어울려 놀았다. 요즘은 초등학생들도 학원을 많이 다닌다. 하지만 이이들의 본질은 15년 전의 나와 비슷할 것이다. 학원에서 엄청난 지식을 공부하기보다는 또래 아이들과 끊임없이 교감함으로써 사회성을 키울 수 있는 장소로 만족하는 것이 좋을 듯하다.

중학생에게 있어 학원은 공부하는 방법을 배울 수 있는 장소일 수 있다. 예를 들면, 수학 문제를 풀기 전에 개념 이해가 선행되어야 한다는 것. 영어 지문을 풀기 전에 모르는 단어가 없을 정도로 어휘력이 풍부해야 한다는 것. 과학은 물리, 화학, 생물, 지구과학이라는 큰 틀로 나누어진다는 것.

이처럼 중학교 때는 직접적으로 지식을 공부하는 것보다 공부 전반에 대한 큰 그림을 그려 나가는 것이 중요하다. 꼭 학원을 다녀야만 큰 그림을 그릴 수 있는 것은 아니지만 조금은 도움이 될 수 있다고 본다. 가장 이상적인 것은 중학교 1~2학년 때는 큰 그림을 그리다가 중학교 3학년 즈음에는 스스로의 공부 방법을 터득하는 것이다.

고등학교 때 학원의 의미는 매우 중요하다. 실제 지식을 습득하는 데 어려운 부분을 학원의 도움을 받아 해결할 수 있다. 하지만 지식을 습득하는 데 어려움이 없다거나, 이미 다 알고 있는 내용임에도 주변의 성화에 못 이겨서 혹은 혼자만 학원을 안 다니는 불안감에 못 이겨서 학원을 다니고 있다면 큰 문제다. 그런 이유로 학원을 다닌다면 공부에 도움이 되기는커녕 시간만 낭비할 뿐이다.

개인마다 시기별로 학원이 갖는 의미는 다를 것이다. 하지만 대략적인 개요는 큰 차이가 없다. 결국 학원은 꼭 필요할 때만 다녀야 도움이 된다. 학원이란 부족한 부분에서 도움을 주는 역할이지 결코 가만히 있어도 대학에 갈 수 있게 도와주는 곳이 아니다.

많은 학생이 학원이라는 장소에 오랜 시간 있다는 것만으로 안

도한다. 마치 공부를 하고 있다고 착각하는 것이다. 공부하려는 의지가 있을 때, 스스로 공부할 수 있는 능력이 있을 때 학원이라는 장소가 공부할 수 있는 장소가 될 수 있다는 것을 결코 잊어서는 안 된다.

언제(When)
공부할 것인가?

나는 새벽형, 올빼미형, 한낮형?

언제 공부할 것인가? 왠지 생뚱맞은 질문처럼 느껴질 수 있다. 언제라니? 공부하는 학생은 자는 시간 빼고 다 공부해야 하는 것 아닌가?

물론 틀린 말은 아니다. 나도 공부에 집중할 때는 보통 2시간 30분만 자고 나머지 시간 내내 공부만 했다. 그렇게 공부해도 늘 시간이 부족했다. 묘하게도 공부하면 할수록 해야 할 공부가 더 많이 눈에 들어왔다.

하지만 처음부터 깨어 있는 모든 시간을 공부에 집중하기는 불가능하다. 공부는 마라톤이다. 지치지 않고 끝까지 버틸 수 있으려면 똑똑하게 시간을 써야 한다. 가장 공부가 질 되는 시간을 찾고, 그 시간대만큼은 200퍼센트 몰입해 공부하면 공부 효율을 최대로 올릴 수 있다.

한때 '아침형 인간'에 관심이 집중된 적이 있다. 아침형 인간은 말 그대로 아침 일찍 일어나 하루를 시작하는 사람을 말한다. 사람의 신체리듬은 원래 자연의 리듬과 보조를 맞추도록 되어 있어 해가 뜨면 일어나고, 해가 지면 자는 생활을 오래도록 해왔다. 그러던 것이 문명의 발달 이후 밤에도 활동할 수 있게 되면서 신체리듬이 깨졌다고 한다. 결국 아침형 인간은 자연의 리듬과 조화를 이루며, 하루 중 가장 왕성하게 리듬이 살아나는 아침 시간을 잘 활용하는 사람이라 할 수 있다. 아침 한 시간은 낮 세 시간과 맞먹을 정도로 효율이 높기 때문에 아침형 인간이 그만큼 성공할 확률도 높다고 한다.

많은 사람이 아침형 인간에 매료되어 습관을 바꾸고자 노력하기도 했다. 하지만 나는 개인마다 신체리듬이 다르다고 생각한다. 모든 사람이 다 아침에 집중이 잘 되는 것은 아니다. 실제로 한참 아침형 인간 열풍이 분 후 이에 맞선 '저녁형 인간'이 등장하기도 했다. 이미 신체리듬이 저녁 이후 밤에 깨어 있는 사람이 억지로 아침형 인간으로 바뀌려고 하면 역효과가 나고, 저녁형 인간의 장점도 많다고 주장했다.

아침형 인간이 더 좋은지, 저녁형 인가이 더 좋은지른 따지는 것은 무의미하다. 내가 언제 집중이 가장 잘 되는 유형인지를 알고, 그 시간에 집중하는 것이 중요하다.

나는 가장 집중이 잘 되는 시간을 찾기 위해서 모든 시간대에 다 공부해 보았다. 안타깝게도 나는 올빼미형은 아니었다. '새벽형'이었다. 새벽 6~8시, 자정~새벽 2시까지가 제일 집중이 잘 되었다. 그때가 공부 효율이 정점을 찍는 시간대였다. 그래서 나는 이 시간만큼은 무슨 일이 있어도 공부를 했다.

물론 컨디션에 따라 집중이 잘 되는 시간이 조금씩 다를 수도 있다. 하지만 일반적으로 가장 집중이 잘 되는 시간을 찾아 집중해 보자.

공부가 잘 되는 시간을 찾으라고 하면 간혹 그 시간대에만 공부하면 된다고 생각하는 친구들이 있다. 절대 그렇게 오해하지 말기를 바란다. 혹시라도 공부 효율이 제일 높은 시간만 공부하겠다는 생각을 했다면 바로 이 순간부터 버려야 한다.

잔은 차야 넘친다. 아무리 집중력을 높여 공부 효율을 높여도 공부해야 할 절대적인 양이 있다. 그 양을 다 채우려면 공부가 잘 되는 시간만 공부해서는 턱없이 부족하다. 공부가 잘 되는 시간은 기본이고, 공부 효율이 떨어지는 시간마저도 집중력을 높이기 위한 노력이 필요하다. 진정한 고수들은 공부하는 매 순간마다 효율이 좋다고 한다. 물론 나는 그 정도는 아니다.

어차피 깨어 있는 모든 시간을 집중해서 공부해야 한다면 굳이 공부가 제일 잘 되는 시간을 알아둘 필요가 있을까? 있다. 공부를 하다 보면 특히 집중력을 요하는 내용이 있기 마련이다. 가뜩이나 집중이 안 되는 시간대에 그런 공부를 하면 아무래도 효율이 떨어지니 가장 정신이 맑고 집중이 잘 되는 시간을 이용하는 것이 좋다.

어떻게(How)
공부할 것인가?

시행착오와 모방을 통해 나만의 공부법을 찾는다

공부하는 방법에 대해 관심이 많다. 아무리 열심히 공부해도 성적이 잘 오르지 않으면 더욱더 어떻게 공부해야 하는지 고민한다. 하지만 특별한 공부 방법이란 애당초 존재하지 않는다. 공부법을 질문할 때는 뭔가 특별하고, 효과도 확실한 방법을 기대하겠지만 안타깝게도 그런 공부법은 없다. 실제로 '공부의 신'이라 불리는 사람들의 공부법도 따지고 보면 그저 매시간 열심히, 최선을 다해 공부했다는 것이 전부다.

그럼에도 어떻게 공부할 것인가는 중요하다. 특별한 공부 비법은 없지만 똑같은 시간을 공부했을 때 공부 효율을 높일 수 있는 방법은 분명 있다. 다만 그 방법은 사람마다 다르다. 이 사람에게 좋은 약이 다른 사람에게는 효과가 없거나 역효과가 날 수 있듯이 저마다 자기에게 맞는 공부법은 따로 있다.

같은 시간이 주어졌을 때 누군가는 단어를 40개를 암기하고, 다른 누군가는 10개를 암기한다. 아마도 주변에 잘하는 친구들을 보며 '나는 공부 쪽은 아닌가 보다'라고 생각하는 경우가 많았을 것이다. 우선 답부터 말하자면, 그건 잘못된 생각이다. 그냥 그 친구들은 공부하는 방법을 조금 더 일찍 터득한 것이고, 아마도 남들보다 조금은 더 일찍 공부를 시작해서 공부를 잘하는 것일 뿐이다. 수많은 아이들을 대상으로 멘토링을 하면서 내가 내린 결론이다.

공부 잘하는 아이와 못하는 아이의 차이는 종이 한 장 차이에 불과하다. 단지 공부를 일찍 시작했느냐, 조금 늦게 시작했느냐의 차이일 뿐이다. 하지만 공부를 못하는 아이는 잘하는 아이들을 충분히 따라잡을 수 있음에도 주변의 친구와 비교해서 자기 자신을 '공부에 재능 없는 놈'이라고 스스로 포기해 버리는 경우가 많다. 나는 지금 이 책을 읽는 학생들보다 공부는 못했을지언정 포기를 하지 않았기에 서울대에 합격할 수 있었다.

축구를 그만두고 공부를 처음 시작했을 때 나는 그냥 닥치는 대로, 주먹구구식으로 공부했다. 중학교 2학년, 처음으로 공부를 시작했을 때 내 성적은 딱 중간이었다. 어떻게 공부하는지 몰랐던 나는 수학 개념서를 펼쳐 놓고 무작정 읽었다. 마치 독서하듯이 수학책을 읽어 내려갔다.

개념서를 읽고 문제를 풀려고 문제집을 펼친 순간, 도저히 어떻게 푸는지 감이 안 잡혔다. 그래서 개념서를 다시 펼치고, 같은 부분을 몇 번이고 반복해서 읽었다. 처음에는 그냥 읽었다면 이번에는 눈에 보이는 글을 읽고 끝나는 게 아니라 머릿속에서 이해하려고 노력했다. 당시의 느낌을 글로 표현하면 '분명 읽고 있는데 내 머릿속에 들어오지 않는 느낌'이었다. 즉, 책에 쓰여 있는 개념 한 줄이 내 것이 되었다는 느낌이 전혀 들지 않았다.

두 번 시도하고 끝낼 수도 있었지만 나는 또 한 번 개념서를 읽기 시작했다. 이번에는 머리를 쓰면서 읽어보았다. 딱 그 표현이 적절하다. 한 줄이 무엇을 의미하는지, 가장 핵심적인 것이 무엇인지 정말 머리를 쓰면서 읽어보았다. 내 생애 처음으로 제대로 된 공부를 해보는 순간이었다.

머리를 쓰면서 읽는다는 것이 어떤 것인지 아마 와 닿지 않을 수도 있다. 잡생각 일체 안 하고 오직 책 속의 개념과 나, 이렇게 딱 둘만 있다고 생각하고 개념에 몰두하는 것이 내가 생각하는 머리를 쓰면서 읽는 것이다. 장황하게 설명했지만 머리를 쓰면서 공부하는지 아닌지는 자기 자신이 가장 잘 안다.

이렇게 공부를 처음 시작한 나는 속도가 더뎠다. 같은 분량도 남들보다 끝내는 데 시간이 오래 걸렸다. 비록 속도는 나지 않았지만 나는 드디어 '진짜 공부'를 시작할 수 있었다. 책의 내용을 내 것으로 흡수하기 위해 치열하게 생각하면서 받아들이는 '진짜 공부'를 시작한 것이다.

'진짜 공부'를 시작하긴 했지만 요령이 없었다. 공부 효율을 높일 수 있는 나만의 공부법이 없었기에 속도가 느렸고, 중학교 내내 그 상태는 바뀌지 않았다. 중학교 2~3학년 동안 나는 효율보다는 시간으로 남들과의 차이를 좁히고자 했다. 달리 방법이 없었다. 나만의 공부법도 없이 친구들을 따라 잡으려면 더 많은 시간을 공부하는 것이 최선이었다. 그럼에도 전교 등수는 항상 세 자릿수를 벗어나지 못했다.

항상 궁금했다. 대체 그들과 나의 차이점이 무엇인지. 그 차이는 용인외고에 진학하면서 눈에 보이기 시작했다. 스물네 시간을 함께하다 보니 학원에서만 같이 생활해서는 알 수 없었던 차이점들을 발견할 수 있었다.

용인외고 학생들은 공부하는 장소와 자세도 제각각 달랐지만 공부하는 방법도 각양각색이었다. 누군가는 시키지도 않은 깜지(흰 종이에 글씨를 빽빽이 써서 흰 공간이 보이지 않도록 글을 쓰는 것)를 쓰고, 누군가는 강의록을 만들어서 혼자 강의하듯이 공부하고, 누군가는 그림을 그려 가며 공부했다. 그냥 무식하게 앉아서 엉덩이 힘으로 공부하던 나에게는 신선한 문화 충격이었다.

이후 나는 친구들이 공부하는 온갖 괴상한 방법들을 하나하나 따라해 보았다. 그냥 보았을 때와 직접 따라해 보았을 때의 느낌은 많이 달랐다. 굉장히 공부 효율이 좋을 것처럼 보였던 방법이 나에게는 영 맞지 않았을 때도 있었고, 별 기대 없이 따라해 본 방법이 의외로 효과가 있었던 적도 있다.

예를 들어 나는 암기를 잘할 수 있는 방법을 찾기 위해 끊임없이 소리 내며 읽거나 깜지 써보기, 잠이 들 때까지 계속 외우기 등 여러 방법을 시도해 보았다. 그 결과 나에게는 똑같은 내용을 반복해서 작성하는 깜지가 제일 효과적이라는 것을 알 수 있었다.

따라해 보았던 친구들의 공부법 중 제일 기억에 남는 방법은 중학교 때 함께 특목고를 준비하던 친구의 공부법이었다. 그 친구는 암기할 내용을 눈으로 계속 보면서 오른손에 300원짜리 모나미 볼펜을 잡고 빈 공책에 원을 그리거나 색칠을 했다. 그 친구에게 어떤 작용을 통해서 암기에 도움을 주는지 모르겠지만 확실히 효과적이었다. 매번 전교 상위권을 놓치지 않는 것을 보면 말이다. 하지만 나하고는 맞지 않았다. 그렇게 수없이 시행착오와 모방을 되풀이하면서 나는 '공부 요령'이 무엇인지 알 수 있었고, 나에게 맞는 '효과적인 공부법'을 찾아내는 데 성공했다.

『정석』 중심으로 수학 공부를 하다

많은 사람이 수학 공부를 할 때 수많은 문제집을 섭렵한다. 문제를 많이 풀어보는 것은 아주 중요하다. 다양한 문제를 풀어보면 그만큼 응용력과 문제해결 능력이 향상된다. 하지만 개념이 탄탄하지 않은 상태에서 문제집을 푸는 것은 밑 빠진 독에 물을 붓는 것과 똑같다. 아무리 문제를 많이 풀어도 개념이 부족하기 때문에 조금만 문제 유형을 달리 해도 적용하지 못한다. 우선 개념을 탄탄히 잡고 문제풀이를 하는 것이 순서다.

개념 공부를 하는 방법도 여러 가지다. 수학 개념서도 다양하다. 아주 쉽게 설명하는 것이 있는가 하면 어려운 개념까지 다룬 것도 있다. 나는 기본 개념서를 두 종류로 구매했다. 큼직큼직하지만 쉬운 개념을 다루는 『개념원리』, 교육과정에서 살짝 벗어나는 심화 개념까지 다루는 『정석』을 고1~고3 서적까지 구매했다.

일반적으로 『개념원리』와 『정석』 두 책이 있다면 『개념원리』부터 공부하는 경우가 많다. 하지만 나는 하루의 대부분을 『정석』만 공부하면서 지냈다. 『정석』에 나와 있는 한 글자 한 글자가 갖는 의미를 이해할 때까지 다음 장을 넘기지 않고 집요하게 파고들었다. 해당 단원에서 소개하는 개념의 발생기원, 개념의 정의, 개념의 활용 모두 이해가 될 때까지 붙들고 어떻게든 내 것으로 만들려고 노력했다. 아무리 노력해도 능력의 한계로 도저히 이해할 수 없으면 그때 『개념원리』를 보았다. 『개념원리』는 비교적 쉬운 용어로 설명해 내용을 이해하기가 쉬웠다.

왜 수학을 잘하지 못했던 내가, 공부법도 모르던 내가 이해하기 쉬운 『개념원리』 대신 『정석』을 주로 공부했을까? 『개념원리』는 쉽게 이해할 수 있지만 습득이 쉽지 않다. 마치 쉽게 번 돈이 쉽게 나가는 것처럼 공부할 때는 쉽게 이해했는데, 책을 덮고 나면 빨리 잊어버린다.

『정석』은 반대다. 설명도 쉽지 않고, 이해하기 어려운 내용까지 다루고 있어 금방 이해하기가 어렵다. 여러 번 읽고 또 읽으면서 이해하려고 노력해야 겨우 머릿속에 들어온다. 대신 『정석』을 통해 한 번 이해한 내용은 머릿속에 깊숙이 박힌다. 즉, 이해를 넘어 완전한 내 것으로 습득하게 되는 것이다.

이해와 습득은 다르다. 중간고사, 기말고사, 모의고사 등 시험을 볼 때 기억이 날듯 말듯해 애가 탄 적이 있는가? 분명 본 적이 있는 것 같은데, 정확하게 기억이 나지 않았던 경험을 누구나 해보았을 것이다. 이는 이해는 했지만 습득하지 못했을 때 발생하는 현상이다. 알기는 알지만 완전히 '내 것'으로 만들지 못했을 때 헷갈린다. 정석으로 공부한 것도 이 때문이다. 이해하기가 정말 쉽지 않지만 결국 이해했다면 그것은 습득한 것이라 봐도 무방하다.

물론 나에게 국한된 이야기다. 나는 『정석』 중심으로 수학을 공부하면서 꽤 효과를 보았다. 수학 기초도 없던 내가 수능 시험을 볼 때는 아주 좋은 점수를 받았고, 시험이 어려워도 흔들리지 않았던 것을 보면 이런 공부법이 나에게는 최적의 공부법이었던 셈이다. 하지만 이런 공부법이 맞지 않는 사람도 분명히 있다. 참조하고 따라해 보면서 자기에게 맞는지를 살펴보고 자기만의 공부법을 만드는 것이 중요하다.

영어 공부는 단어카드로

영어를 공부하는 방법도 다양하다. 어떤 사람은 '듣기'를 중점적으로 한다. 귀가 뚫리면 입도 자연히 뚫린다는 생각으로 수없이 듣는다. 되든 안 되든 외국인과 부딪혀 직접 말을 해보면서 영어를 익히는 사람들도 많다.

사실 영어에 관해서는 나는 운이 좋은 편이었다. 초등학교 때 부모님을 따라 미국에서 약 2년 가까이 생활한 덕분에 어렵지 않게 귀와 입이 트였다. 듣기, 말하기, 읽기, 쓰기 네 영역 중 듣기와 말하기는 힘들이지 않고 쉽게 익힐 수 있었다. 하지만 기본적인 생활영어는 자주 듣고 말하는 것으로도 가능하지만 좀 더 깊숙한 소통을 하려면 공부를 해야 한다. 시험을 위한 공부를 할 때는 더 말할 것도 없다.

모든 언어를 공부할 때 기본이 되는 것은 '단어'다. 단어를 많이 알수록 그 언어를 터득하기가 쉽다. 그래서 영어 공부를 할 때 단어 공부는 언제나 필수다. 영어 학원에 가면 기본적으로 단어를 몇백 개씩 외우게 한다. 매일 단어만 외우게 한다고 불만스러워하는 친구들이 있는데, 그만큼 단어가 영어 공부의 기본이라서 어쩔 수 없는 측면이 있다.

단어 공부를 하는 방법도 다양하다. 대학생이나 성인들은 『보카』라는 책으로 영어단어를 공부하지만 학생들은 대부분 영어단어장으로 공부한다. 시중에는 이미 내로라하는 출판사나 영어 학원에서 만든 영어단어장이 수두룩하다.

하지만 나는 직접 단어카드를 만들었다. 단어카드를 만든 데는 어머니의 도움이 컸다. 어머니는 어느 책에선가 '단어는 단어카드로 외울 때 5배의 효과가 있다'는 말을 믿고 내게도 추천해 주셨다. 어머니의 조언대로 카드 한 면에는 영어단어를 적고, 뒤에 뜻을 적는 방식으로 단어카드를 만들었다.

아무리 천재라도 단어를 한 번만 외우면 금방 잊어버린다. 최소한 4~5번은 반복해서 외워야 뇌의 단기 기억공간에서 장기 기억공간으로 저장된다. 일단 단어카드에 직접 단어와 뜻을 쓰면 벌써 한 번이다. 그런 다음 영어단어를 먼저 외우고, 뜻을 외우거나 먼저 카드 뒷면의 뜻부터 보고 해당하는 영어단어를 떠올려 보는 등 다양한 방법으로 같은 단어를 서너 차례 더 공부했다.

나는 직접 영어 단어카드를 만들고, 단어를 외우면서 영어 실력을 향상시킬 수 있었다. 누군가가 자신이 만든 단어카드가 3천 장이 넘으면 굉장히 높은 수준에 오르고, 5천 장이 넘으면 거의 수능에서 만점을 받을 수 있는 실력이 된다고 말했다. 개인적인 경험으로는 충분히 일리가 있다고 본다.

생각보다 내가 영어단어 공부를 했던 방법을 활용하는 사람들이 많다. 물론 내가 전수한 것이 아니라 이미 효과가 입증되어 여기저기서 추천했던 공부법인 모양이다. 하지만 이 또한 나에게는 맞지 않을 수 있다. 자꾸 강조하지만 남들이 좋다는 방법이 아닌, 나에게 맞는 공부법을 찾아야 한다. 그래야 공부 효율을 높일 수 있다.

무엇(What)을
공부할 것인가?

What이 구체적일수록 실행이 쉽다

무엇을 공부할 것인가? 조금 뜬금없는 질문처럼 느껴질 수 있다. 무엇을 공부할 것인가 고민하지 않아도 늘 공부할 내용은 산적해 있는 느낌이다. 학교에서 배우는 것을 완전히 이해하기도 벅찬데, 학원에 다닌다면 학원에서 내주는 숙제 또한 산더미다.

하지만 아무 생각 없이 그때그때 해야 할 공부를 한다면 공부 효율을 높이기 어렵다. 물론 그렇다고 매시간 단위로 무엇을 공부할 것인가를 계획할 필요는 없다. 나는 시간 단위로 공부 계획을 세우는 것을 좋아하지도 않고, 바람직하지도 않다고 생각한다. 다만 공부할 내용이 너무 막연하면 잘 되지도 않고 금방 지친다. 공부하기 전에 꼭 한 번쯤은 무엇을 공부할 섯인가를 생각하고 시작하면 같은 시간을 공부해도 더 많은 것을 얻을 수 있다.

여러 과목 중 영어가 약한 학생이 있다고 가정해 보자. 공부해야 할 대상이 그냥 '영어'일 수도 있다. 하지만 영어도 공부 영역이 여러 가지다. 영어단어를 공부할 수도 있고, 듣기와 말하기에 집중할 수도 있고, 문법을 공부할 수도 있다.

그냥 대상을 영어로 정했을 때와 영어 중에서도 구체적으로 어떤 영역을 공부하겠다고 정했을 때는 다르다. 막연하면 실행이 어렵고, 효율도 낮다. 영어 공부를 한다며 단어 공부 조금 하다, 문법책도 들여다보다 금방 시들해질 수 있다. 무엇을 공부할 것인지가 구체적이지 않으면 이런 문제가 생기기 쉽다.

What이 너무 구체적일 것까지는 없다. 나는 수학의 경우 '개념 공부' 혹은 '문제풀이' 정도로 What을 정했다. 크게 보면 What에는 공부할 분량도 포함된다. 예를 들어 수학 문제집을 하나 풀기로 했다면 하루에 어느 정도 분량을 풀 것인지를 정했다. 수학뿐만 아니라 다른 과목도 마찬가지였는데, 왜 이렇게 하루에 공부할 분량을 정했는지는 4장에서 자세히 소개하겠다. 여기서는 What에 공부할 주제만이 아니라 분량까지 포함해도 좋다는 것만 알아 두고 넘어가자.

나를 알면 What이 분명해진다

공부를 잘하는 친구들을 보면 '공부가 해도 해도 끝이 없다'는 말을 많이 한다. 하면 할수록 모르는 것이 많아져 더 공부를 할 수밖에 없다는 것이다.

나도 축구를 그만두고 본격적으로 공부를 시작하기 전에는 그 말을 이해하지 못했다.

'왜 매일 공부만 하면서 저런 말을 하는 거지?'

'공부를 하면 몰랐던 것을 알아야지, 왜 모르는 것이 점점 더 많아진다고 하는 걸까?'

궁금증은 내가 공부를 해보면서 서서히 풀렸다. 솔직히 공부와 담을 쌓고 살 때는 내가 무엇을 모르는지도 몰랐다. 나뿐만 아니라 공부에 관심이 없었던 친구들은 다 비슷할 것이다. 아예 공부를 하지 않으니 내가 뭘 알고, 모르는지 알 길이 없다.

하지만 공부를 하면 내가 무엇을 모르는지 알게 된다. 무엇을 알고, 무엇을 모르는지 알면 훨씬 수월하고 효과적으로 공부할 수 있다. 내가 모르는 것, 부족한 것을 집중적으로 공부할 수 있기 때문이다.

무엇을 공부할 것인가가 분명해지면 언제(When), 어디서 (Where), 어떻게(How) 공부할 것인가도 달라질 수 있다. 나의 경우 개념 공부를 할 때는 차가운 대리석 바닥 복도에서 서성거리면서 공부하곤 했다. 춥고, 어둡고, 조용한 곳에서 집중이 잘 됐기 때문에 친구들이 모여 있는 교실보다는 혼자 복도에 나와 서성거리며 하면 더 잘 됐다. 반면 문제풀이는 서성거리면서 할 수 없으니 무조건 의자에 앉아서 풀었다.

'무엇을 공부할 것인가'는 공부의 육하원칙에서 중심축과도 같은 역할을 한다. 언제, 어디서, 어떻게 공부할 것인가는 어찌 보면 그다음 문제다. 중심축을 제대로 세우기 위해서라도 내가 무엇을 알고 모르는지를 알아야 한다.

제4장

공부에 정답은 없다,
무조건 하는 수밖에!

답이 안 보이면
한 놈만 집중적으로 패라

하나라도 확실하게 잡자

자퇴 후 8개월의 방황은 생각보다 너무 오랜 공백이었다. 모든 과목을 뒤늦게 일정 수준 이상으로 끌어올린다는 것은 거의 불가능에 가까웠다. 직접 경험한 것은 아니지만 최상위권 학생들은 고등학교 2학년이 끝나가는 시점에 수능에 필요한 모든 준비를 끝낸다고 한다. 최상위권 학생들이 아니더라도 특목고는 말할 것도 없고 웬만한 인문계 고등학교는 고등학교 2학년 때 공부해야 할 진도를 다 나간다고 들었다.

그렇다면 나에게 주어진 시간은 정확하게 6개월이었다. 친구들처럼 3학년이 되기 전에 준비를 마치려면 남은 6개월 동안 고등학교 과정을 끝내야 했다. 하지만 6개월 동안 모든 과목을 다 공부하기란 현실적으로 어려웠다. 고민 끝에 나는 '수학'에만 집중하기로 했다.

10대 1로 붙어서 이길 수 있는 확률은 얼마나 될까? 싸움에 천부적인 소질이 있는 사람이라면 이길 수도 있겠지만 힘도 세지 않고 싸우는 요령도 모르는 사람은 실컷 두들겨 맞고 쓰러지기 쉽다. 그렇다고 이길 수 있는 가능성이 전혀 없는 것은 아니다. 일대다로 싸울 때 한 놈만 집중적으로 공격하면 이길 수도 있다. 독하게 한 놈만 패고 또 패는 것이다. 다른 놈들의 무자비한 구타에 입술이 터지고, 피가 나도 한 놈만 집요하게 붙잡고 늘어져 공격하면 이길 확률이 높아진다.

공부도 마찬가지다. 모든 과목을 다 잘할 수 없다면 일단 한 과목에 집중하는 것이 유리하다. 다만 가장 만만한 과목보다는 중요한 과목을 선택하는 것이 바람직하다. 내가 수학만 파기로 결심한 것은 대학입시에서 수학이 차지하는 비중이 컸기 때문이다.

수학은 쉽지 않다. 그래서인지 끊임없이 '수포자(수학을 포기한 자)'들이 생겨난다. 그러면서 이렇게 묻는다.

"수학은 해도 해도 진짜 못하겠어요. 어차피 점수도 안 오를 거 수학에 시간을 쓰느니 다른 암기과목에 집중해 한 문제라도 더 맞히는 게 낫지 않을까요?"

위험한 생각이다. 일단 수학보다 암기과목은 외우기만 하면 되니까 쉽다고 생각하는 자체가 틀렸다. 암기과목 역시 마음만 먹으면 잘할 수 있는 만만한 과목이 아니다. 그리고 입시에서 절대적인 비중을 차지하는 수학을 포기하면 암기과목에서 만점을 받아도 원하는 학교에 들어가기가 어렵다.

물론 공부가 단지 입시를 위한 것이어서는 안 된다. 그럼에도 학생이 입시라는 현실을 무시하고 필요한 공부보다 하고 싶은 공부를 할 수도 없다. 모든 과목을 다 완벽하게 하기 어려울 때 일단 중요한 과목 하나라도 집중적으로 파고들어 공부해야 하는 것도 다 이런 이유 때문이다.

실제로 나는 수학만 판 효과를 톡톡히 보았다. 처음 수능 시험을 볼 당시 나는 수학 외의 과목은 준비가 미진했다. 오직 수학만 겨우 끝내고 수능을 보았다. 그런데 그해 수능이 워낙 어렵게 출제되어 한 과목이라도 완벽하게 공부한 학생들이 유리했다. 나 또한 수학에서 높은 점수를 얻어 다른 과목 성적이 썩 좋지 않았음에도 명문대에 도전해 볼 수 있었다.

특별한 책은 없다, 한 권만 파라

공부 잘하는 학생들은 대체 어떤 책으로 공부할까? 많은 사람이 공부를 잘하는 학생은 뭔가 특별한 책을 보고 공부할 것이라 생각하는 것 같다. 그래서 공부 잘하는 학생들을 보면 "너는 수학 어떤 책으로 공부해?", "영어는 무슨 책 보니?"라고 묻는다.

사실 나도 한때 공부 잘하는 친구들이 어떤 책들을 보는지 궁금했던 적이 있다. 하지만 기대와는 달리 친구들이 보는 책은 지극히 평범한 책이었다. 너도 보고, 나도 보는 책을 보고 공부할 뿐이었다.

그런데 어떻게 똑같은 책을 보고도 친구들은 공부를 잘했을까? 비결은 단 하나. 이 책, 저 책 보지 않고 한 권만 파고 또 판 것이 비결이다. 많은 학생이 철새처럼 좋은 책을 찾아 헤맨다. 책을 보다 잘 이해가 안 가면 냉큼 좀 더 쉽다는 책으로 바꾼다. 또는 자신의 이해수준은 생각지도 않고 어떤 책이 좋다고 하면 무조건 그 책부터 사고 본다.

나도 처음에는 공부를 잘할 수 있게 도와주는 특별한 책이 있을 것이라 기대했다. 하지만 세상에 그런 책은 없다. 수학을 예로 들면, 기초 개념서, 고급 개념서, 문제집 등 여러 유형이 있다. 개념서의 경우 설명하는 방식이 차이가 있기는 하지만 담고 있는 내용은 서의 비슷하다. 그중 어떤 책이 좋은지를 고민할 필요가 없다. 어떤 책이든 하나를 손에 잡고 공부하면 된다.

나는 수학을 공부할 때 『정석』을 선택했다. 『정석』만 죽어라 공부했다. 조금 어려워도 이해할 때까지 읽고 또 읽었다. 아무리 읽어도 모를 때만 쉽게 설명한 기본서를 보았다. 그렇게 『정석』을 잡고 책이 너덜너덜해질 때까지 보고 또 본 덕분에 수학을 잘할 수 있게 된 것이라 생각한다.

나뿐만 아니라 실제 서울대생 중에는 한 권만 판 학생들이 많다. 이쯤 되면 비슷비슷한 책을 여러 권 보는 대신 한 권을 완전히 독파하는 것이 가장 빠르고 정확한 공부법이란 생각이 든다.

하나를 이기면 다 이긴다

모국어가 아닌 다른 나라 언어를 배우는 것은 쉬운 일이 아니다. 나이가 들면 들수록 더 그렇다. 그런데 외국어를 하나도 아니고, 여러 언어를 구사하는 사람들이 있다. 영어는 기본이고, 중국어, 일본어 등 몇 개 국어를 모국어처럼 자유자재로 쓰는 사람들이 의외로 많다.

나도 외국어라고는 영어밖에 할 줄 몰라 어떻게 여러 개 외국어를 잘할 수 있는지 잘 모른다. 하지만 몇 개 국어를 구사하는 사람들은 모두 비슷한 이야기를 한다. 외국어를 하나 완벽하게 익히면 다른 외국어를 익히는 것은 처음보다 훨씬 쉽다는 것이다. 외국어도 언어다. 언어의 기본적인 속성은 다 같다. 사용하는 단어와 말하는 순서는 다르더라도 모든 언어는 소통을 하기 위한 수단이기 때문에 통하는 것이 있다. 그래서 하나의 언어를 완전히 익히면 그만큼 제2, 제3의 언어를 배우기가 한결 수월하다.

공부도 마찬가지다. 표면적으로는 언어, 수학, 영어, 사회는 제각각 성격이 다른 과목처럼 보인다. 실제로 각 과목을 효율적으로 공부하는 방법도 다를 수 있다. 사람에 따라 상대적으로 언어를 공부하기가 쉬운 사람이 있는가 하면 수학에 더 많은 흥미를 느끼고 수월하게 공부할 수 있는 사람이 있기도 하다. 그럼에도 각 과목의 특성과는 상관없이 모든 과목을 관통하는 속성이 있기 때문에 한 과목을 완벽하게 공부하면 다른 과목 또한 깊게 공부할 수 있다.

주변을 돌아보면 수학은 상위 1퍼센트에 들 정도로 잘하는데, 다른 과목은 형편없는 경우는 거의 없다. 수학에 비해 상대적으로 못하는 것일 뿐, 다른 과목들도 다 웬만큼 잘한다. 간혹 과목별 편차가 심한 경우도 있는데, 이는 나처럼 시간이 부족해 전략적으로 한 과목만 팠거나 아니면 다른 과목에는 아예 관심이 없어 공부를 하지 않았을 때 그렇다. 한 과목을 집중적으로 팔 때처럼 열심히 공부했는데도 잘 못하는 경우는 거의 없다고 봐도 과언이 아니다.

한 과목을 잘하면 다른 과목도 잘할 수 있는 가능성이 커지는 것은 한 과목을 집중 공략하는 동안 공부를 하는 데 필요한 습관이나 자세를 익히기 때문이 아닐까 싶다. 예를 들어 집중력이나 이해할 때까지 물고 늘어지는 끈기는 어떤 과목을 공부해도 공통적으로 필요한 부분이다. 또한 하나를 물고 늘어져 독파한 경험은 성취감으로 이어져 다른 공부에 도전하는 원동력으로 작용하기도 한다.

단숨에 모든 공부를 잘하려고 애쓰지 않아도 된다. 모든 과목을 적당히 공부해 적당한 점수를 받는 것보다는 한 과목이라도 확실하게 100점을 맞아보는 것이 좋다. 그래야 다른 과목도 '적당히'가 아닌 '끝까지 독하게' 해서 100점을 받을 수 있다.

봐도 봐도 머릿속에
들어오지 않을 때

왜 필기해야 할까?

수업을 들을 때 필기는 필수다. 왜? 수업시간에 듣기만 해서는 내용을 기억할 수 없다. 아마 하루만 지나도 선생님이 강의한 내용을 다 잊을 것이다.

머리가 나빠서가 아니다. 사람은 누구나 잊는다. 사람은 망각의 동물이기 때문이다. 독일의 심리학자인 헤르만 에빙하우스가 약 16년에 걸친 실험 끝에 사람이 얼마나 잘 잊는지를 입증했다. 에 빙하우스의 실험 결과에 의하면 사람은 매우 빠른 속도로 기억을 잃는다. 지식을 습득한지 10분이 지나면 바로 잊어버리기 시작해 한 시간이 지나면 50퍼센트를 잊고, 하루가 지나면 70퍼센트를 잊

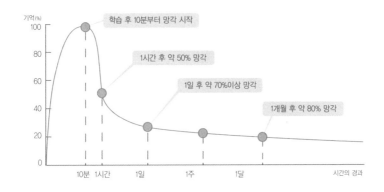

에빙하우스 망각곡선

는다. 불과 하루만에 배운 내용의 70퍼센트를 잊어버리는데, 필기를 하지 않고는 선생님의 수업 내용을 기억할 방법이 없다.

필기를 해야 할 이유는 또 있다. 귀로 듣기만 할 때보다 손으로 필기를 할 때 기억이 더 잘 된다. 손은 제2의 뇌여서 귀로 들은 내용을 일단 한 번 뇌에서 처리하고, 손으로 쓰면서 그 내용이 또 한 번 뇌에 저장되기 때문이다. 암기과목을 공부할 때도 그냥 눈으로만 볼 때보다 손으로 쓰면서 암기하면 훨씬 잘 외워졌던 경험을 한 적이 있을 것이다. 나도 영어단어를 외울 때나 암기과목을 공부할 때 주로 쓰면서 외운다. 손으로 쓰면 더 잘 외워지는 것도 같은 원리다.

필기보다 이해가 먼저다

나는 수업 시간에 선생님이 강의하는 모든 내용을 필기하는 편이다. 가능한 한 농담처럼 한 말도 필기하려고 노력한다. 가끔은 농담처럼 지나갔던 말에 중요한 정보가 들어있기도 하고, 재미있는 농담일 경우 수업 내용을 기억하는 데 도움이 되기 때문이다.

나뿐만 아니라 선생님의 말을 하나라도 놓치지 않기 위해 수업 시간 내내 바쁘게 손을 움직이는 친구들이 많다. 해본 사람은 알겠지만 수업 내용을 몽땅 노트에 받아 적는 것이 쉬운 일은 아니다. 칠판에 주요 내용을 적어주면서 수업하는 선생님의 강의는 비교적 필기하기가 수월하다. 하지만 빠르게 말하는 선생님의 경우 강의 내용을 다 적으려면 그야말로 전쟁이다. 정신없이 필기를 하다보면 선생님이 무슨 이야기를 했는지 이해조차 못할 수도 있다.

하지만 필기보다 중요한 것은 이해다. 필기하느라 이해를 놓쳐서는 안 된다. 일단 필기부터 하고 나중에 다시 들여다보며 이해하면 된다고 생각할 수도 있다. 실제로 함께 공부하던 친구가 그런 친구가 있었다. 이해를 하면서 필기를 해야 하는데 무조건 선생님이 하는 말을 토씨 하나 빼뜨리지 않고 다 적었다.

우연히 그 친구의 노트를 본 적이 있는데, 솔직히 무슨 내용인지 이해하기가 힘들었다. 직접 필기한 친구는 나보다는 더 잘 알아볼 수도 있겠지만 문맥도 맞지 않는 노트를 보고 얼마나 이해할 수 있을지 걱정스러웠다.

필기를 할 때는 이해를 하면서 해야 한다. 그래야 어떤 내용이 중요한지 알아 불필요한 내용은 생략할 수도 있다. 이해하면서 수업 내용을 모두 필기할 수 있다면 좋겠지만 현실적으로 무리다. 경우에 따라서는 내용을 기억할 수 있는 핵심 내용을 압축해서 정리할 수 있어야 오히려 수업 내용을 놓치지 않으면서 필기를 할 수 있다.

자기만의 필기법이 필요하다

공부를 하면서 가장 대단해 보였던 친구들은, 각양각색의 색깔을 쓰면서 필기하는 친구들이었다. 마치 컬러 인쇄를 한 것처럼 노트가 화려했다. '어떻게 저렇게 예쁘게 필기를 할 수 있을까?' 내심 부럽기도 했지만 따라 할 수는 없었다. 안타깝게도 나는 순발력이 없었다. 수업을 들으면서 동시에 다양한 색깔로 필기하기는 불가능했다.

한참 시간이 흐른 어느 날, 다양한 색깔을 쓰며 필기하는 친구들에게 '왜 다양한 색깔을 쓰는지'를 물어본 적이 있다. 뜻밖에도 '그저 예쁘기 때문'이라는 대답이 돌아왔다. 무언가 특별한 대답을 기대했던 나로서는 좀 당황스러웠다. 하긴 수업을 듣고 이해하면서 순간순간 이해를 돕기 위해, 분류를 나누기 위해, 중요한 부분을 부각시키기 위해 다양한 색을 칠하기는 쉬운 일이 아니다.

물론 전혀 불가능한 것은 아니다. 친구들 중에는 검은색과 빨간색, 딱 두 가지 색깔만 쓰면서 중요한 내용은 빨간색으로 표시하거나 쓰는 친구들이 있었다. 색깔을 최소화하면 그만큼 색깔을 바꾸느라 분주하지는 않겠지만 순간순간 판단해서 색깔을 쓰기란 여전히 어렵다. 수업을 듣고 이해하지 못하고서는 중요한 것과 덜 중요한 것을 판단할 수 없기 때문이다.

나는 매 순간 중요도를 판단하고, 분류를 하면서 색깔을 쓰기에는 순발력이 없어 선생님이 강의하는 모든 내용을 연필로 필기하기에 바빴다. 보통 남학생들은 예쁘게 노트정리를 하는 것에 큰 관심이 없다. 그렇다 보니 다양한 색깔을 쓰며 노트필기를 하는 친구들은 대부분 여학생이었다.

나는 남학생임에도 필기에 미적 가치를 추구하는 독특한 케이스였다. 하지만 수업 시간에는 도저히 예쁘게 노트필기를 할 능력이 없으니 다른 방법을 찾아야 했다. 내가 선택한 방법은 수업 시간에는 연필로 수업 내용을 날려 쓰고, 나중에 다시 노트를 정리하는 것이었다.

수업이 끝나고 자율학습이 시작되면 나는 언제나 노트정리부터 했다. 수업을 들으면서 거칠게 필기했던 초안을 토대로 분류를 다시 하고, 중요한 부분은 색깔을 달리 써서 예쁘게 정리했다. 단지 색깔에만 열중한 것이 아니라 그림이나 도형도 많이 활용했다. 글로만 정리할 때보다 적절하게 그림이나 도형을 그려 넣으면 보기에도 좋고, 이해가 잘 되기 때문이었다.

필기 초안을 예쁘게 정리하려면 제법 시간이 걸린다. 공부할 시간도 부족한데 노트 필기에 너무 많은 시간을 쓰는 것 아니냐고 할 수도 있다. 노트 필기는 단순한 정리가 아니다. 노트 필기는 그 자체가 공부다. 앞에서도 이야기했지만 수업 시간에 들은 내용은 하루만 지나면 다 기억에서 사라진다. 그런데 수업이 끝난 후 다시 노트를 정리하면 수업 내용을 한 번 더 확인하고 복습하는 것과 같다.

기억은 여러 차례 반복하면서 장기 기억에 저장된다. 뇌 과학자들에 의하면 보통 서너 번 반복하면 단기기억이 장기기억으로 이동한다고 한다. 수업 후 노트정리를 다시 하면 벌써 두 번이나 반복한 것이니, 그만큼 공부 효과도 높아지는 셈이다.

나와 비슷하게 수업시간에는 모양은 포기하고 무조건 열심히 내용을 필기했다가 나중에 다시 노트정리를 하는 친구들이 많다. 하지만 공부법에 정답이 없듯이 노트필기 방법도 정답이 없다. 저마다 자기에게 맞는 노트 필기법이 있을 것이다. 다른 친구들의 노트 필기법을 참조할 수는 있지만 자기에게 가장 맞는 필기법을 찾아야 공부 효율을 극대화할 수 있다.

시간이 아닌
공부 분량을 나누는 분할법

하루 시간을 쪼개지 마라

공부를 하겠다고 결심하면 대부분 시간 계획표부터 짠다. 몇 시에 일어나서 아침을 먹고, 몇 시에 학교를 가고, 수업이 끝난 후 몇 시부터 몇 시까지는 무슨 공부를 하고, 몇 시에 잠자리에 들 것인지 시간을 쪼개어 계획한다.

시간을 잘 관리하는 것은 중요하다. 시간은 누구에게나 공평하다. 똑같이 주어진 하루를 어떻게 쓰느냐에 따라 공부를 잘할 수도, 못할 수도 있다. 공부를 잘하는 학생들을 보면 일단 공부하는 시간이 많기도 하지만 집중력을 발휘해 한 시간을 마치 서너 시간처럼 쓴다. 그만큼 같은 시간을 공부해도 공부 효율이 높다.

공부법을 소개하는 책들을 보면 대부분 시간 계획은 구체적으로 짤수록 좋다고 한다. 그래야 모든 유혹을 물리치고 계획한 대로 공부할 가능성이 커진다고 한다. 어느 정도 일리가 있는 말이긴 하다. 실행력이 약한 사람들은 막연한 계획으로는 잘 움직이지 않기 때문이다.

하지만 꼭 시간을 시간대별로 혹은 분 단위로 쪼개어 공부해야 할까? 나도 처음 공부를 시작할 때는 시간을 쪼개서 계획을 세웠다. 오후 4~6시까지는 수학 문제집을 풀고, 6~7시까지는 영어단어를 외우는 식이다. 그런데 공부를 하다 보면 미처 하던 공부를 다 못 끝낼 때가 있다. 예를 들어 4~6시까지 수학 문제집 10쪽을 풀기로 했는데, 문제가 안 풀려 8쪽 밖에 못 풀었다. 조금만 더 풀면 10쪽을 다 풀 수 있을 것 같은데, 계획했던 시간이 지났으니 다음 공부로 넘어가는 것이 맞는지 의문이 생겼다.

공부 계획은 필요하다. 그렇지만 그것이 꼭 시간을 쪼개는 계획이어야 할 이유는 없다. '오늘 하루'를 여러 개의 시간으로 쪼갤 것이 아니라 '하루' 통째로 보아야 한다. 그런 다음 '하루' 동안 공부할 분량만 정해도 충분하다. 시간이 아니라 목표했던 분량을 기준으로 공부하면서 시간을 조절하면 된다.

예를 들어 만약 오늘 계획했던 분량을 다 마무리하지 못했다면 오늘 밤에 잠을 조금 덜 자면 된다. 또한 내일 공부할 분량을 소화하기에 시간이 좀 부족할 것 같으면 아침에 조금 더 일찍 일어나면 해결할 수 있다. 예상과는 달리 목표했던 분량을 일찍 끝내면? 홀가분한 마음으로 일찍 잠자리에 들거나 휴식을 취하면 된다. 결국 '오늘 하루' 중 공부하는 시간을 늘리거나 줄여 가면서 계획한 분량만 마무리하는 방식이다.

시간을 쪼개지 않고 하루에 공부할 분량을 정하는 방법을 나는 '공부 분할법'이라 명명했다. 공부 분할법이 모든 사람들에게 효과적이지는 않을 수 있다. 하지만 나뿐만 아니라 나의 수많은 멘티들이 이 방법으로 효과를 보았다.

어떻게 공부 분량을 나눌까?

계획을 중요시하고 잘 세우는 사람들은 일, 주, 월 단위로 계획을 세운다. 상반기, 하반기, 일 년 등 중장기적으로 계획을 세우는 경우도 많다. 심지어는 매일 자기 전에 다음 날 공부 계획을 미리 세우기도 한다.

하지만 나는 공부 계획을 자주 세우지 않았다. 사실 계획을 세우는 것도 일이다. 매일 어떤 과목을 얼마만큼 공부할 것인지 계획을 세우려면 예상보다 시간이 많이 걸린다. 솔직히 그 시간이 아까웠다. 그래서 나는 공부할 책을 선정하면 한꺼번에 계획을 세웠다.

예를 들어 수학 문제집 『쎈』을 푼다고 가정하자. 보통 『쎈』 수학한 권을 푸는 데 얼마나 걸리는가? 일단 어느 정도 시간을 투자했을 때 얼마만큼 풀 수 있는지를 알아야 한다. 그러면 대략 어느 정도 시간이 걸릴지 추정해 볼 수 있다. 지금까지 나의 경험으로는 열심히 하면 8주가 걸리고, 미친 듯이 열심히 하면 6주가 걸리고, 인간이기를 포기하고 공부에 미치면 4주가 소요된다.

나는 『쎈』 수학을 풀 때 인간이기를 포기하지는 않았고 열심히만 하기로 했다. 즉, 6주 만에 다 풀기로 목표를 세웠다. 기간과 공부해야 할 분량이 결정되면 하루에 얼마만큼 공부해야 할 것인지 금방 나온다.

『쎈』 수학의 총 분량이 360쪽, 이것을 6주 만에 끝내려면 어떻게 해야 할까? 360쪽을 6주×6일=36으로 나누면 된다. 즉, 하루에 공부할 분량은 360/36, 총 10쪽인 셈이다.

왜 일주일을 7일이 아닌 6일로 했을까? 이유가 있다. 아무리 철두철미한 사람도 계획한 것을 언제나 100퍼센트 완수하기 어렵다. 특히 애초부터 공부 욕심을 내서 무리하게 공부 분량을 정했다면 더욱 그렇다. 혹시라도 계획한대로 분량을 끝내지 못할 때를 대비하기 위해서라도 7일이 아닌 6일로 계산할 필요가 있다.

계획은 한 번 밀리기 시작할 때 방향을 잘 잡지 못하면 걷잡을 수 없을 정도로 후퇴한다. 6일 동안 정말 열심히 했는데도 다 끝내지 못했을 때 보충할 수 있는 시간이 없으면 날이 갈수록 더 많은 분량이 밀리기 마련이다. 처음에는 2쪽 밀렸던 것이 그다음 날은 3

쪽, 그다음 날은 5쪽 등으로 점점 늘어 급기야는 도저히 보충하기 어려울 지경으로 밀린다. 목표에서 너무 많이 멀어지면 의욕을 상실하기 쉽다. 따라서 일주일에 하루 정도는 꼭 비워 두는 것을 추천한다.

실현 가능한 계획 세우기

시간을 쪼개 계획을 세울 때도 마찬가지지만 공부 분량을 나눌 때도 현실적으로 가능한 것인지를 따져 봐야 한다. 공부는 의욕만으로는 잘하기 어렵다. 수학에 약한 사람이 처음부터 『쎈』 수학을 인간이기를 포기했을 때나 가능한 4주 만에 풀겠다고 하면 그 계획은 실패할 확률이 높다.

계획한 대로 공부하는 습관은 중요하다. 아주 작은 것이라도 목표했던 것을 이루면 자신감이 붙고, 성취감을 느껴 공부에 더욱 흥미를 갖고 열심히 할 수 있다. 반대로 모처럼 세운 계획을 실천하지 못하면 공부할 의욕을 잃기 쉽다.

공부하는 방법도 모르고, 공부하는 습관이 재 자리를 잡기도 전에 무리한 목표를 세울 필요가 없다. 처음에는 조금만 노력하면 충분히 달성할 수 있는 수준으로 목표를 정하자. 하루에 3~4시간만 자고 최대한 공부할 수 있는 분량이 10쪽이라면 5~6쪽 정도로 줄여 보자. 일주일쯤 해보고 좀 더 분량을 늘려도 되겠다고 판단이 되면 7~8쪽으로 늘리고, 그다음 주에 9~10쪽으로 점차적으로 늘리는 편이 좋다.

어떤 사람들은 계획이나 목표는 거창하게 잡는 것이 좋다고 말한다. 호랑이를 그리려고 해야 고양이라도 그릴 수 있다는 논리다. 왜 그렇게 이야기하는지 공감이 가는 부분은 있다. 공부는 '적당히' 하면 안 된다. 무리하지 않고, 충분히 쉴 것 쉬고, 잘잘 것 다 자면서 공부를 잘한다는 것은 불가능하다. 그래서 조금 과하게 목표 분량을 잡고, 그 분량을 다 공부하기 위해 노력할 필요는 있다.

하지만 처음에는 현실 가능한 분량을 정하는 것이 먼저다. 목표한 분량을 다 공부했을 때의 뿌듯함, 성취감을 경험하지 않고서는 공부라는 마라톤에서 버티기 어렵다. 단, 현실 가능한 분량을 계속 유지해서는 안 된다. 어느 정도 익숙해지면 조금씩 목표 분량을 늘려 살짝 버거운 수준까지 늘려 보는 것이 좋다.

보고 또 보고,
자꾸 보자

매일 복습하기

공부를 잘하려면 예습과 복습을 잘해야 한다고 말한다. 예습과 복습 중 굳이 더 중요한 하나를 꼽으라면 개인적으로는 복습이라고 생각한다. 복습이 중요한 이유는 수업을 들을 때 필기를 해야 하는 이유와 같다.

이미 필기법에서도 이야기했듯이 수업을 듣고 하루만 지나도 배운 내용의 70퍼센트는 날아가고 없다. 어제는 분명히 알았는데 자고 일어나니 기억이 가물가물하다. 문제를 접했을 때는 알 것 같은데, 3분 정도만 더 생각하면 떠오를 것도 같은데, 10분이 지나고 20분이 지나도 기억이 나지 않는다. 기억하지 못하는 것이 당연히

다. 그래서 매일매일 복습이 필요한 것이다.

에빙하우스는 사람의 기억이 빠른 속도로 사라진다는 것만 밝힌 것이 아니다. 사라지는 기억을 어떻게 붙잡을 수 있는지도 함께 밝혔다. 에빙하우스의 연구결과에 의하면 학습한 내용을 잊어버리기 시작하는 10분 후에 한 번 더 복습하면 하루 동안 기억되고, 다시 하루 뒤에 또다시 복습하면 일주일 동안, 일주일 뒤에 복습하면 한 달 동안, 한 달 뒤에 복습하면 6개월 이상을 기억할 수 있다고 한다.

우리 뇌에는 단기기억 장소와 장기기억 장소가 따로 있다. 처음 공부한 내용은 일단 단기기억 장소에 저장된다. 단기기억 장소에 저장된 정보는 오래 가지 못한다. 그나마 어떤 형태로든 기억하려고 애쓰지 않으면 단 일 분도 채 안 돼 대부분 소멸된다. 애써 공부한 내용을 잊어버리지 않기 위해서는 단기기억 장소에 있는 내용을 장기기억 장소로 옮겨야 한다.

방법은 앞에서도 이미 이야기했듯이 복습이다. 요즘에는 전화번호를 외우는 사람들이 거의 없다. 스마트폰 전화번호부에 저장해둔 후 매번 찾아서 전화를 걸다 보니 전화번호를 반복해서 외울 기회가 없기 때문이다. 하지만 전화번호부를 활용하지 않는 나이 지긋한 어르신들 중에는 전화를 걸 때마다 일일이 전화번호를 외워서 누르는 분들이 있다. 나이가 들면 기억력도 감퇴하기 마련인데, 오랜 시간이 지나도 전화번호를 기억할 수 있는 이유는 수없이 반복했기 때문이다.

　단기기억 장소에 있던 내용은 여러 번 반복하면 장기기억 장소로 옮겨진다. 장기기억 장소에 저장되었다고 기억이 영원하지는 않다. 오랜 시간 꺼내지 않으면 장기기억 장소에 있던 내용도 희미해지고 결국에는 사라질 수 있다. 반대로 매일 기억을 꺼내면 돌에 이름을 깊게 새긴 것처럼 웬만해서는 지워지지 않는다. 우리가 매일 복습해야 하는 이유도 여기에 있다.

1쪽부터 복습하기

　복습의 범위는 어떻게 정해야 할까? 오늘 공부한 내용을 오늘 복습하면 될까? 아니면 어제 공부했던 내용까지 합해서 복습하면 되는 것일까? 아마 많은 학생이 복습의 중요성은 알아도 복습의 범위를 어디까지 잡을 것인가에 대해서는 저마다 생각이 다를 수 있다.

　나는 언제나 첫 번째 쪽부터 복습했다. 정석을 예로 들어보자. 정석을 시작한지 하루 되었다. 그렇다면 오늘은 어제 하루 분량만 복습하면 된다. 정석을 시작한지 6일이 되었다. 그렇다면 지난 6일간 공부한 분량을 복습하면 된다. 정석을 시작한지 41일이 됐고 오늘이면 정석이 끝난다. 그렇다면 지난 41일간 공부한 분량을 복습하면 된다.

많은 학생들이 이렇게 복습하라고 조언하면 같은 얘기를 한다.

"어휴, 복습하다가 시간 다 가겠네요…."

직접 해보지 않으면 이렇게 생각할 수도 있다. 하지만 매일 복습하면 생각보다 긴 시간이 걸리지 않는다. 앞서 말했듯 기억은 하루 만에 70퍼센트가 사라진다. 당연히 어제 공부한 내용을 오늘 복습하면 기억나는 내용보다 기억나지 않는 내용이 많을 것이다. 하지만 한 번 더 보면 그만큼 기억하는 시간이 길어져 그다음 날에는 첫날에 공부했던 내용을 더 많이 기억할 수 있다.

또한 기억은 반복하면 할수록 선명해진다. 매일 1쪽부터 복습하면 41일째 되는 날, 첫날 공부한 분량은 41번, 둘째 날 공부한 분량은 40번, 셋째 날 공부한 분량은 39번 복습한 셈이다. 이렇게 수십 번을 복습하면 첫 쪽을 보자마자 어떤 내용이 있는지 훤히 머릿속에 들어온다. 결과적으로 많이 반복해서 복습한 내용을 다시 복습하는 데는 그리 많은 시간이 걸리지 않는다. 나의 경우 언제나 1쪽부터 복습을 시작했지만 복습하는 데 걸리는 시간은 고작 30분 남짓이었다.

표시해 가며 복습하기

중간고사 혹은 기말고사, 모의고사를 치르기 위해 학교에 갈 때 빈손으로 가는 친구들은 없을 것이다. 아예 시험을 잘 보고 싶은 의지가 없다면 모를까, 못해도 각 과목당 교과서, 개념서, 문제집 등 최소한 세 권 이상의 책을 들고 간다. 많게는 과목당 대여섯 권을 들고 가는 경우도 많다.

하지만 과연 그 책들을 다 볼 수 있을까? 과목당 시험을 준비할 수 있는 시간은 대략 20분 정도. 그나마도 시험을 시작하기 5분 전에는 시험지를 받을 준비를 해야 한다. 책상 위에 놓여 있는 책을 서랍이나 가방에 넣어야 하기 때문에 책을 볼 수 있는 시간은 고작 15분에 불과하다.

15분은 결코 길지 않은 시간이다. 15분 동안 가져간 모든 책을 보고 '아, 완벽하게 준비가 끝났다'라고 자신하며 편하게 시험지를 받기는 현실적으로 어렵다. 시험이 임박해 책상을 정리하면서도 '아, 개념서 2단원에 중요한 내용이 있던 것 같은데…', '어제 본 문제집에서 모른다고 체크한 거 아직 못 봤는데…'와 같은 생각이 들면서 불안해하기 더 쉽다.

15분을 한 시간처럼 쓸 수 있는 좋은 방법이 있다. 복습할 때 항상 표시하는 것이다. 나는 3단계로 나눠서 표시했다. 1단계는 형광색 펜으로 중요한 부분을 칠하는 것이다. 복습을 하다 보면 꼭 알아야 할 중요한 내용이 눈에 들어온다. 중요 내용을 형광펜으로 칠해 두면 다음에 복습을 할 때 좀 더 중요한 내용을 집중적으로 공부할 수 있다.

2단계는 중요한 내용 중에서도 더 중요한 내용이 있는 쪽의 상단을 '세모로 접는 것'이다. 그렇게 해두면 책을 잡았을 때 일일이 펼쳐 보지 않고도 꼭 봐야 할 쪽수를 금방 찾을 수 있다. 시간이 부족할 때 빠르게 핵심 내용을 점검해 볼 수 있는 좋은 방법이다.

마지막 3단계는 제일 중요한 내용이 담긴 쪽의 상단을 '세모 모양으로 찢는 것'이다. 당장 시험을 10초 정도 앞두고 있는 나를 위한 배려다. 10초면 짧아도 너무 짧은 시간이지만 가장 중요한 내용 한두 가지 정도는 살펴볼 수 있다. 머뭇거릴 시간이 없다. 빨리 해당 쪽을 펴고 읽어야 하기 때문에 책 귀퉁이를 찢어 확실하게 표시를 해놓았다.

1단계가 매일 복습하는 나를 위한 표시라면, 2단계와 3단계는 당장 시험장에서 복습하고 있는 나 자신을 위한 표시라 할 수 있다. 사실 단계는 그리 중요하지 않다. 내가 사용했던 방법이 아니더라도 복습을 할 때 놓쳐서는 안 될 중요한 부분을 효과적으로 표시할 수 있는 방법이면 된다. 다만 중요한 부분을 표시해 놓는 것이 복습의 핵심 열쇠임을 잊어서는 안 된다.

오답노트 대신
오답문제통

오답노트만이 답은 아니다

공부법 책에 자주 등장하는 것 중 하나가 '오답노트'다. 학교나 학원에서도 종종 공부를 잘하려면 '오답노트'를 잘 만들어야 한다고 말한다.

나도 오답노트가 필요하다고 생각한다. 공부할 때 개념서만 보고 끝내는 사람들은 없다. 대부분 기본 개념을 이해하고 지식을 공부하면 문제를 풀어본다. 그래야 확실하게 개념을 이해했는지도 알고, 어떤 공부가 부족한지를 알 수 있기 때문이다.

어떤 문제집을 풀든 100점을 맞기란 쉽지 않다. 공부에 완벽이란 있을 수 없기 때문에 틀린 문제가 나온다. 공부가 부족하면 할

수록 틀린 문제가 많을 수밖에 없다. 공부를 잘하려면 바로 이 '오답'에 주목해야 한다. 이미 확실하게 정답을 맞힌 문제를 여러 번 반복해서 푸는 것보다 틀린 문제를 점검해 온전하게 내 것으로 만들어야 공부를 잘할 수 있다.

하지만 가끔 주객이 전도되는 경우를 본다. 오답노트는 부족한 부분을 파악하고 보충하기 위한 것인데, 오답노트 자체에 목을 매는 경우다. 오답노트는 기본적으로 틀린 문제를 적고, 정답을 도출하기 위한 풀이과정을 적는다.

나는 그런 식으로 오답노트를 만든 적은 없다. 계기가 있었다. 중학교 때 우연히 친구가 오답노트를 만드는 것을 본 적이 있다. 자율학습 시간이었는데, 어디선가 사각사각 소리가 들렸다. 처음에는 그냥 흘려들었는데, 꽤 시간이 지났는데도 여전히 사각사각 소리가 나 돌아보니 틀린 문제를 오려 붙이고 있었다. 문제 하나 오려 붙이고, 정답지를 보면서 문제 풀이과정을 열심히 적고 있었다. 맞힌 문제보다 틀린 문제가 더 많은지, 문제집을 통째로 오려 오답노트에 붙이는 것 같았다.

'뭐지? 원래 오답노트는 저렇게 만드는 것인가? 너무 시간을 많이 뺏기는 것 아닌가?'

친구가 오답노트를 만드는 모습을 보기 전에는 귀찮아도 오답노트가 필요하고, 도움이 된다고 굳게 믿었다. 그런데 자율학습 시간 내내 오답노트를 만드는 친구를 보면서 혼란스러웠다. 어쩐지 시간을 투자하는 만큼 효과가 없을 것 같았다. 더군다나 그렇게 공들여 오답노트를 만드는 친구가 노력하는 만큼 성적이 좋지 않았기에 오답노트에 대한 불신이 더 커졌다.

오답노트는 예쁘게 만드는 것이 중요한 것이 아니다. 틀린 문제를 확실하게 공부해 다시는 틀리지 않는 것이 목적인데, 의외로 오답노트를 만드는 자체에 정성을 들이는 친구들이 많다. 그래서는 안 된다. 시간은 시간대로 쓰면서 공부하는 데는 큰 도움이 안 된다.

또한 꼭 오답노트가 아니라도 틀린 문제를 확실하게 점검할 수 있는 방법은 여러 가지다. 나는 오답노트 대신 오답문제통을 활용한다. 오답노트 본연의 목적을 이룰 수 있는 방법이라면 무엇이든 상관없다. 중요한 것은 형식이 아니라 본질이므로.

언제, 어떤 문제를 넣어야 할까?

오답문제통은 말 그대로 틀린 문제를 넣는 통이다. 어떤 통이어야 한다는 규정은 없다. 락앤락 반찬통을 활용해도 좋고, 집 구석에 돌아다니는 바구니를 사용해도 괜찮다. 커다란 봉투도 상관없다. 무엇이든 틀린 문제를 넣을 수 있는 것이면 된다.

오답은 소중하다. 100문제를 풀었을 때 90문제를 맞히고 10문제를 틀렸다면, 어느 문제를 더 소중히 여겨야 할까? 당연히 틀린

10문제다. 그 소중한 문제를 담아 놓을 수 있는 통이니 이왕이면 예쁜 통을 준비해도 좋을 듯하다.

그런데 언제 오답문제통에 틀린 문제를 넣어야 할까? 처음 수학 공부를 시작하고 문제를 풀 때는 정답보다 오답이 많았다. 아무리 공부를 잘하는 학생도 처음 문제집을 풀 때는 많이 틀린다. 만약 처음 문제집을 풀 때부터 틀린 문제를 오려 오답문제통에 넣는다면 어쩌면 문제집 한 권을 통째로 넣어야 할 수도 있다. 그건 별 의미가 없다.

나는 처음 문제집을 풀 때는 틀린 문제를 오리지 않았다. 문제집에 표시만 해두었다. 그렇게 한 번을 보고 다시 풀면 틀린 문제의 개수가 많이 줄어든다. 그때부터 오답문제통을 활용했다. 그렇게 하지 않으면 오답문제통이 너무 차고 넘쳐 효율이 떨어진다.

또한 오답문제통에는 틀린 문제만 넣지 않았다. 틀렸다고 다 오려서 넣은 것도 아니다. 어떤 문제를 오답문제통에 넣을 것인가에 대한 나만의 기준이 있었다. 그 기준은 다음과 같았다.

① 찍기 혹은 번뜩이는 재치로 맞힌 문제
꼭 알아야만 문제를 맞히는 것은 아니다. 몰랐어도 우연히 혹은 순간 공부의 신이 강림해 번뜩이는 재치로 문제를 풀어서 맞힐 수 있다. 그건 맞힌 게 아니다. 당연히 오답문제통에 넣어야 한다. 찍어서 맞힌 것이라면 확실하게 알아야

하고, 번뜩이는 재치로 맞힌 것이라면 그 재치가 문제를 풀 때마다 습관처럼 나올 수 있도록 반복해서 풀고 또 풀었다.

② 단순 계산 실수로 틀린 문제는 제외
분명 아는 문제인데도 단순히 사칙연산을 잘못하여 틀렸다면 군이 오답문제통에 넣지 않아도 된다. 하지만 소소한 실수도 실력이다. 오답문제통에는 넣지 않아도 별도로 사소한 실수를 줄이기 위한 노력을 반드시 해야 한다.

③ 왜 틀린지 모르는 문제
즉시 오답문제통에 들어가야 할 문제다.

이런 기준에서 틀린 문제를 넣으니 하루에 많으면 20개, 적으면 5개씩 오답문제통에 넣었다. 앞뒤로 틀리면 복사해서 잘랐다. 만약 복사기가 없다면 노트에 써서 넣었다. 생각보다 번거롭지는 않다. 매번 앞뒤로 틀리는 것이 아니므로 가끔씩만 수고하면 되었나.

오답문제통 비우는 법

오답문제통은 채우기만 해서는 안 된다. 매일 틀린 문제들이 나오는데, 채우기만 해서는 며칠 못 가 오답문제통이 넘치고 말 것이다. 나는 매일 오답문제통에서 20문제 정도를 뽑아서 푸는 것으로 공부를 시작했다. 문제를 풀 때는 충분히 고민한다. 시간이 걸려도 왜 틀렸는지 원인을 생각해보고, 어떻게 하면 문제를 잘 풀 수 있는지 고민하고 문제를 푼다. 얼른 문제를 푸는 방법이 생각나지 않더라도 끝까지 집요하게 물고 늘어진다.

성격이 급한 친구들은 빨리 문제를 풀고 싶은 마음에 정답지를 보고 싶어한다. 문제를 제대로 풀었는지 확인하려면 정답지를 보긴 봐야 하지만, 무엇보다 고민이 먼저다. 충분한 고민 없이 정답지를 보고 푸는 방법을 알면 실력이 늘지 않는다.

문제를 풀 때는 꼭 별도로 마련해 둔 문제풀이 노트에다 풀었다. 잘라서 오답문제통에 넣은 문제에 문제를 푼 흔적이나 답이 체크되어 있으면 어떻게 문제를 풀 것인지를 생각하는 데 방해가 되기 때문이다. 문제풀이 노트에 문제를 풀고 다시 통에 넣었다. 그리고 또다시 문제를 꺼내 풀기를 반복했다.

그렇다면 언제까지 이렇게 문제를 뽑아서 풀었느냐고? 통에서 꺼낸 문제를 봤더니 어느 영역에서 출제되었는지 알겠고, 출제자의 의도도 파악할 수 있고, 문제풀이 방법도 머릿속에 훤하게 보일 때, 그래서 실제로 정답을 맞혔을 때 과감하게 오답문제통에 있던 문제를 쓰레기통에 버렸다. 그렇게 한 문제, 한 문제 버리면서 더 이상 문제 통에 문제가 없을 때까지 반복했다. 어려운 문제집일수록 문제오답통을 싹 비우기가 어렵지만 문제오답통에 수북하게 쌓였던 문제가 다 없어졌을 때의 쾌감은 정말 짜릿했다.

요약노트
만들기

과목별 요약노트, 한 권으로 끝내기

나는 수능을 준비하면서 각 과목별로 핵심 내용을 요약 정리한 노트를 만들었다. 나뿐만 아니라 요약노트를 만드는 학생들이 꽤 많다. 평소 요약노트를 잘 만들어 두면 시험을 앞두고 그동안 공부했던 내용을 단기간에 효과적으로 확인할 수 있다.

그렇지만 요약노트에 대해서는 의견이 분분한 것이 사실이다. 요약노트를 정리하느라 시간은 시간대로 쓰고 별 효과를 보지 못했다는 학생들도 있다. 반면 요약노트를 만들면서 확실하게 복습도 하고, 시험 볼 때 큰 도움이 되었다는 학생들도 많다.

개인적으로는 요약노트를 위한 요약노트는 아무리 만들어도 큰 도움이 안 된다고 생각한다. 요약노드를 만들기 위한 전제 조건이 있다. 우선 충분히 공부한 다음 요약노트를 만들어야 한다. 공부도 하지 않고 요약노트부터 만들면 어떤 내용이 중요하고, 덜 중요한지 알 수 없기 때문에 분량도 많아지고, 요약노트의 기능도 제대로 하지 못한다.

나는 과목별 요약노트를 한 권으로 만들었다. 한 과목 내용을 노트 한 권으로 정리하려면 중요한 내용 중에서도 중요한 내용만을 일목요연하게 정리해야 한다. 언제나 더하는 것보다 빼는 것이 어렵다. 요약노트에 추가해야 할 내용을 찾기는 쉬워도, 뺄 내용을 찾기는 쉽지 않다. 빼려고 하면 꼭 시험에 나올 것 같은 느낌이 들면서 주저하게 된다. 그렇다고 마음이 약해져 이 내용, 저 내용 다 넣다 보면 책보다도 두꺼운 요약노트가 탄생할 수도 있다.

완전히 이해하지 않고서는 무엇을 빼야 할지 알 수 없다. 그렇다고 완전히 이해할 때까지 공부한 다음 요약노트를 만들려고 하면 영영 만들지 못할 수도 있다. 나는 처음부터 완벽한 요약노트를 만들지 않았다. 어느 정도 공부를 한 다음 요약노트를 만들었고, 이후 공부를 계속하면서 업그레이드했다.

당연히 시간은 더 걸린다. 번거롭게 느낄 수도 있다. 하지만 요약노트를 만드는 자체가 훌륭한 공부이자 복습이다. 중요하다고 생각하는 내용을 여러 차례 압축, 정리하다 보면 그만큼 학습 내용이 장기기억 장소에 저장되어 오래 기억할 수 있다. 확실히 기억하는 만큼 요약노트를 보았을 때 내용을 확인하고 점검하는 데도 시간이 덜 걸린다. 쉬는 시간 10분 동안에 한 과목 전체를 훑어 보는 것도 가능하다.

이처럼 요약노트는 제대로 만들면 공부하는 데 큰 도움이 된다. 요약노트를 만들 것인지의 여부는 각자의 선택이지만 가능한 자기만의 과목별 요약노트 한 권씩은 만들 것을 권한다. 특히 취약 과목일수록.

언어와 수학 요약노트 만들기

솔직히 나는 언어 과목에 약하다. 그렇다고 수학처럼 많은 시간을 할애해 집중적으로 공부할 여력도 없었다. 언어는 넓은 광야와도 같다. 공부해야 할 범위가 고전문학, 문법, 현대시, 현대소설 등 광범위하다. 그야말로 공부할 내용이 태산이다.

언어를 잘하려면 많이 읽고 이해하려고 노력해야 한다. 빨리 읽는 것보다 깊게 이해하는 것이 중요하다. 그래서 언어 요약노트를 만들 때는 특히 더 자신이 이해한 내용을 압축적으로 정리해야 한다.

다른 과목도 마찬가지지만 언어 요약노트를 만드는 어떤 정해진 방법은 없다. 저마다 자기만의 방법으로 만들면 된다. 다른 사람의 방법은 참조하는 것으로 충분하다.

나는 현대시, 현대소설, 문법, 고전문학을 조금씩 다른 방법으로 요약 정리했다. 우선 문학작품은 작가, 주제, 구조에 맞춰 노트를 만들었고, 비문학은 글의 종류, 성격, 구성문, 주제문 등을 확인하며 파악한 핵심을 노트에 옮겼다. 사실 비문학은 요약할 내용도 많이 없다. 본질적으로 비문학은 매년 같은 형식이지만 다루는 내용만 조금씩 달라질 뿐이다. 즉, 비문학 영역은 지문을 읽고 이해하고 분석하는 방법론적인 부분만 정립하면 된다. 나는 모든 접속사에 세모를 그려서 흐름을 파악하고, 모든 주어에 네모를 그려서 주체를 파악했다. 그런 다음 모든 동사에 동그라미를 그려서 문장의 이해를 완성했다. 이처럼 비문학은 같은 내용을 누가 더 정확하게 이해하느냐의 싸움이다. 모든 것을 외워야 하는 고전과는 다르다는 점만 기억하면 된다.

시의 경우 '가나다' 순으로 시를 분류하고, 공부를 하다 해당 시와 시인에 대해 추가할 내용이 나오면 바로 채워 넣었다. 이렇게 하면 시를 깊이 있게 이해함은 물론 제목별로 찾기도 쉽다.

문법은 이론적으로 이해하는 것으로 끝나서는 안 된다. 문법이 실생활에서 어떻게 활용되는지를 이해해야 한다. 따라서 요약노트를 만들 때 많은 예시를 찾아 정리하면 좋다. 단, 개념과 예시는 한눈에 구분할 수 있도록 다른 색깔의 볼펜을 사용하면 효과적이다. 고전문학은 의미를 제대로 파악하는 것이 우선이다. 원문을 적고, 내용을 이해하며 풀이를 적었다.

수학은 개념을 확실하게 이해하는 것이 중요하다. 개념이 확실히 잡히지 않은 상태에서는 아무리 문제를 열심히 풀어도 실력이 늘지 않는다. 앞에서도 이야기했지만 나는 주로 『정석』으로 개념 공부를 했다. 개념을 완벽하게 이해할 때까지 『정석』을 보고 또 보았지만 그와는 별도로 한 권짜리 수학 요약노트를 만들었다. 단원별 개념을 이해하고 나의 언어로 재정리했다.

단순히 개념만을 정리한 것이 아니라 공식 증명과정을 정리, 요약했다. 공식을 증명하고 관련 문제를 풀어본 후 다시 공식을 정리하면서 개념을 재차 머릿속에 넣었다. 도형은 눈으로만 보지 말고, 반드시 직접 그려 보며 이해했다. 이렇게 만든 요약노트를 수시로 보았는데, 이 요약노트는 수학 성적을 단기간에 올리는 데 큰 도움이 되었다.

완벽한 팀플레이
공부법

서울대에 와서 알게 된 스터디의 효과

서울대에 들어오기 전까지 나는 대부분 혼자 공부했다. 학원을 다니며 재수 생활을 할 때는 옆자리 친구와 말도 섞지 않고 스스로를 왕따로 만들었던 적도 있다. 그러다보니 함께 공부하는 즐거움과 효과를 알 기회가 없었다.

소위 여럿이 함께 모여 공부하는 '스터디'를 경험해 본 것은 서울대에 입학한 후였다. 대학은 수업 방식부터 고등학교와는 많이 다르다. 일방적으로 교수님이 강의하는 방식보다는 문답과 토론 형식으로 진행되는 경우가 많았고, 과제도 팀을 이루어 함께하는 것이 대부분이었다

무엇보다 스터디의 진수는 시험기간 동안 유감없이 나타났다. 서울대학교 기말고사 기간은 그야말로 전쟁이다. 연달아 이어지는 시험으로 인해 1주일 동안 9시간만 자면서 공부한 기억도 있다. 시험 범위가 넓고, 공부해야 할 양이 많아 잠을 줄이지 않고서는 도저히 시험 준비를 마칠 수가 없었다. 그렇다 보니 기말고사 전에는 몇 날 며칠 밤을 새는 일이 흔했고, 밤을 새는 것이 시험을 맞이하는 최소한의 예의라는 생각까지 들었다.

기말고사는 친구들과 함께 스터디 형식으로 준비했다. 마음이 맞는 친구들과 그룹을 지어 함께 공부한 것이다. 그 과정은 이렇다. 우선 우리는 한 학기 동안 같은 수업을 들으며 각자의 언어로 필기 노트를 만든다. 그리고 시험 기간이 되면, 책과 필기노트를 정독하며 세세한 내용까지 놓치지 않으려고 읽고, 쓰고, 푼다.

각자 공부한 후 새벽 3시가 되면 휴게실에 옹기종기 모여 앉는다(약 6명 정도). 그리고 각자의 필기노트를 활용해 자신만의 언어로 한 학기 동안 배운 내용에 대해서 핵심 개념을 짚는 강의를 한다. 약 6명 정도가 각자의 시선에서 이해한 내용을 강의하다 보면, 잘못 이해한 내용은 바로잡을 수 있으며, 본인이 놓쳤던 부분을 보충할 수 있다. 그렇게 우리는 시험 전날 새벽 3시만 되면 각자의 강의를 준비해 오는 게 습관이 되었다.

스터디는 구성원 모두가 최선을 다할 때 비로소 효과가 극대화될 수 있다. 구성원 중 하나라도 준비가 소홀하면 구멍이 난다. 그래서 구성원 각자가 강의를 할 수 있을 정도로 내용을 꿰뚫고 있어야 한다. 강의를 위한 필기노트(강의록)는 평소에 만들어 놓아야 함은 물론이다.

시험을 볼 때 만족스러운 결과를 얻으려면 모든 개념을 완벽하게 이해해야 한다. 사실 친구들과의 스터디에서 강의를 준비하면서 개념의 상당 부분을 이해할 수 있다. 하지만 친구들의 강의를 들으면 더 완벽해진다. 즉, 혼자서 공부할 때 최대로 얻을 수 있는 점수가 95점이라면 함께 공부하면 나머지 부족한 5점을 채워 100점을 맞을 준비를 하는 셈이다. 다만 스터디를 할 때 비슷한 수준의 친구들과 함께하는 것이 중요하다. 스터디는 협업이다. 의지만으로는 함께할 수 없다. 아무리 공부를 열심히 하려는 의지가 있어도 수준이 맞지 않으면 서로 불편하고, 효과도 나지 않을 수 있다. 서울대 기말고사 때 스터디가 효과를 낼 수 있었던 데는 함께 공부했던 친구들의 수준이 엇비슷했다는 점도 부인할 수 없다.

꼭 시험 때가 아니더라도 스터디를 하면 공부하는 데 도움이 될 수 있다. 아무리 의지가 강해도 혼자 공부할 때는 계획했던 분량을 다 채우지 못해 진도가 밀리기 쉽다. 하지만 여럿이 함께 스터디를 하면 자연스럽게 강제력이 생긴다. 공부를 안 하면 다른 친구들에게 민폐를 끼치게 되므로 진도를 맞출 수밖에 없다. 의지력이 약해 자꾸 딴생각을 하면서 공부에 몰입을 하지 못한다면 적극적으로 스터디를 고려해 볼 것을 권한다.

남을 가르치는 것도 훌륭한 공부

친구들이 모르는 것을 물어와 가르쳐 준 경험이 있는가? 가뜩이나 공부할 시간이 부족한데 가르쳐 달라고 하면 짜증이 날 수도 있다. 하지만 남을 가르친다는 것은 그 자체로 훌륭한 공부가 된다. 시간을 아까워할 일이 아니다. 남을 가르치는 것이 곧 내 공부나 다름없기 때문에 기꺼이, 열심히 가르쳐야 한다.

알면 가르칠 수 있다고 생각하기 쉽지만 그렇지 않다. 아는 것과 가르치는 것은 다르다. 분명 알고 있는 것인데도 설명을 하려면 난감할 때가 많다. 어디서부터 설명해야 할지도 모르겠고, 기껏 열심히 설명하는데도 상대방이 알아듣지 못해 당황했던 적이 있을 것이다.

남을 가르치려면 확실하게 알아야 한다. 어설프게 알면 가르칠 수가 없다. 만약 무언가를 설명하는데, 설명이 막힌다면 제대로 알지 못하는 것이라 할 수 있다. 결국 누군가를 가르치다 보면 자연스럽게 내가 얼마만큼 알고 있고, 무엇이 부족한지를 확인하게 된다. 다른 사람에게 도움을 주면서도 내 공부도 할 수 있으니 일석이조가 따로 없는 공부법인 셈이다.

무식하지만 강력한
엉덩이 공부법

오래 앉아 있는 연습이 필요하다

공부를 잘하는 학생들은 대개 엉덩이가 무겁다. 한 번 의자에 앉으면 몇 시간도 끄떡없이 앉아 있다. 반면 공부에 취미가 없는 학생들은 엉덩이가 가볍다. 앉은 지 10분도 채 안 돼 엉덩이를 들썩인다.

공부를 하려면 일단 오래 앉아 있을 수 있어야 한다. 물론 오래 앉아 있는 것 자체가 중요한 것은 아니다. 그냥 멍하니 앉아만 있다면 아무 의미가 없다. 하지만 아무것도 하지 않고 오래 의자에 앉아 있기란 쉬운 일이 아니다. 공부를 하든, 게임을 하든 집중을 하지 않으면 오래 앉아 있고 싶어도 앉아 있을 수가 없다.

얼마나 오래 앉아 있을 수 있느냐는 곧 얼마나 오랜 시간 집중할 수 있느냐의 문제다. 초등학교 수업이 40분인 이유는 초등학생이 집중할 수 있는 시간이 30분 정도에 불과하기 때문이다. 중고등학생들의 집중할 수 있는 시간도 고작해야 40~50분 정도다.

사실 성인들도 집중할 수 있는 시간은 큰 차이가 없다. 아무리 집중력이 뛰어난 사람도 한 시간이 넘어가면 집중력이 흐트러지기 마련이다. 집중할 수 있는 시간이 한 시간 정도라면 공부를 하는 데 아무런 문제가 되지 않는다. 한 시간 공부하고 잠깐 휴식을 취해 다시 집중하면 된다.

하지만 집중할 수 있는 시간이 너무 짧으면 효율적으로 공부하기가 어렵다. 공부를 할 때도 예열이 필요하다. 의자에 앉자마자 집중해 공부하기란 쉬운 일이 아니다. 적어도 5~10분 정도는 지나야 두뇌가 충분히 가동돼 집중이 잘 된다. 일단 한 번 집중이 되면 시간이 지날수록 집중력이 높아지면서 공부하는 데 가속도가 붙는다. 그렇기 때문에 일단 공부를 시작하면 최대한 집중력을 유지할 수 있는 시간까지 공부를 계속해야 공부 효율을 극대화시킬 수 있다.

앉아 있는데 익숙지 않은 학생이라면 한 시간은 너무도 긴 시간이다. 우선 처음에는 무리하지 말고 20~30분을 앉아 있는 연습을 하고, 익숙해지면 점차적으로 시간을 늘려 보자. 그렇게 하다 보면 어느새 한 시간 이상 앉아 있는 자신을 만나게 될 것이다.

꾸준히 연습하다 보면 한 시간을 훌쩍 넘어 서너 시간을 꼼짝하지 않고 공부할 수도 있다. 집중력을 유지하면서 몇 시간을 공부할 수 있다면 공부를 잘할 수 있는 기본기를 갖춘 셈이다. 그렇지만 너무 장시간 한 자세로 공부하는 것은 별로 추천하지 않는다. 건강에 좋지 않다. 특히 우리 몸을 지탱해 주는 대들보인 척추에 치명적인 영향을 미치므로 한 시간에 한 번 정도 잠깐씩 휴식을 취하는 것이 좋다. 척추에 무리가 가면 오래 앉아 있는 것이 불가능해질 수도 있기 때문이다.

엉덩이 무거운 놈이 최후의 승자

멘토링을 진행하다 보면 이런 말을 하는 친구들이 꼭 있다.

"제가 마음만 먹으면 얼마든지 공부 잘할 수 있는데요, 하기 싫어서 안 하는 것뿐이에요."

일단 하면 된다는 자신감이 있다는 점은 높이 평가할 만하다. 하지만 과연 공부가 마음만 먹으면 잘할 수 있는 것일까?

용인외고를 자퇴한 후 방황할 때는 내 또래의 학생들이 모두 저마다의 이유로 비슷한 방황을 할 것이라 생각했다. 비록 나처럼 자퇴를 하지 않았어도 질풍노도의 시기에 엉덩이를 의자에 붙이고 진득하게 공부만 하기란 불가능하다고 여겼다.

하지만 군대를 전역하고 사회에 나와 보니 모든 사람이 다 과도

기를 겪지는 않는다는 것을 알았다. 내가 방황하는 동안에도 내 또래들은 계속 전진해 나도 모르는 사이에 격차는 점점 벌어지고 있었다.

공부는 마음만 먹는다고 잘할 수 있는 것이 아니다. 서울대를 목표로 한다면 적어도 서울대생들이 의자에 앉아 공부한 시간만큼 공부해야만 한다. 서울대생들이 고등학교 3년을 하루에 5시간씩만 자면서 공부했다면 적어도 그들처럼 3년을 공부해야 서울대를 갈 수 있다. 그들이 2년 반을 처절하게 산다면 나 또한 2년 반은 처절하게 살아야 되고, 그들이 3년을 처절하게 산다면 나 또한 3년을 처절하게 살아야 한다는 말이다.

수능을 앞둔 친구들은 종종 '운칠기삼'을 믿고 싶어 한다. 운칠기삼은 운이 7할, 실력이 3할이라는 말이다. 공부가 좀 미흡해도 운이 따라주면 수능 대박을 낼 수 있다고 믿는다.

수능 대박은 없다. 점수는 공부한 만큼 나온다. 얼마나 엉덩이를 의자에 붙이고 곰처럼 공부했는가에 따라 수능 점수가 결정된다. 장담하건대, 노력하지 않은 사람이 수능 대박을 칠 확률은 아마도 로또에 당첨될 확률과 비슷할 것이다.

돌이켜 보면 나도 서울대를 갈 때까지 꼬박 2년 반을 치열하게 공부했다. 자퇴 후 방황하느라 시간을 허비했던 내가 다른 친구들과의 격차를 줄일 수 있는 방법은 잠을 줄이고 공부를 하는 것뿐이었다. 공부하는 시간만 늘린 것이 아니라 집중력을 유지해 공부 효율을 높인 덕분에 서울대에 합격할 수 있었다고 생각한다. 특히나 재수할 때의 일 년은 보통 학생들의 2배가량의 시간이라 해도 부끄럽지 않을 정도로 잠자는 시간을 제외하면 의자에 앉아 공부했다.

엉덩이 공부법은 정직하다. 엉덩이를 의자에 붙이고 있던 시간과 공부는 비례한다. 일단 엉덩이를 오래 붙이는 것으로 시작하자. 다른 공부법은 몰라도 엉덩이 공부법만 실천해도 어느 정도 공부를 잘할 수 있다.

집중력을 높여주는 훈련법

말이 쉽지 몇 시간씩 집중력을 잃지 않고, 엉덩이를 의자에 붙이고 있기란 쉬운 일이 아니다. 아무리 집중력이 강한 사람이라도 하루 종일 앉아서 공부하다 보면 지칠 때가 있다. 나도 예외는 아니었다. 그럴 때마다 집중력을 높여 주는 훈련을 했다. 거창하게 훈련이라고 했지만 아주 간단하다. 의자에 앉은 채로 몇 분 정도만 해도 충분하다. 집중력이 약해 10분조차 엉덩이를 붙이고 앉아 있기 힘든 친구들을 위해 내가 활용했던 훈련법 몇 가지를 소개하고자 한다.

■ 마스킹 요법

마스킹 요법은 일종의 호흡 명상법이다. 머릿속이 복잡하면 당연히 집중하기가 어렵다. 복잡하고 어수선한 머릿속을 깨끗하게 만드는 데는 명상이 최고다. 마스킹 요법은 기본적으로 숨을 천천히 들이마셨다가 내뱉는 호흡을 기본으로 한 명상으로 방법은 간단하지만 효과는 크다.

마스킹 요법은 두 가지 방법으로 할 수 있다. 방법은 같지만 숨을 마시고, 멈추고, 내쉬는 시간이 다를 뿐이다.

① 의자에 앉은 상태에서 눈을 감고, 허리를 곧게 펴고, 손과 발을 편안한 자세로 유지한다.
② 3초간 코로 숨을 들이마신다. 단전까지 숨을 불어넣는다는 기분으로 들이마신다.
③ 2초간 숨을 멈춘다.
④ 10~15초간 천천히 입으로 숨을 내쉰다.
⑤ 위 과정을 약 3~5분 정도 반복한다.

또 다른 방법은 7초간 들이마시고, 6초간 멈추고, 5초간 내쉬는 것이다. 어떤 방법으로 하든 상관없다.

■ 메디테이션 효과

드라마는 거의 보지 않지만 언젠가 우연히 텔레비전 채널을 돌리다 익숙한 광경을 보고 잠시 봤던 적이 있다. 공부를 하던 주인공들이 집중이 잘 안 되자 한 점을 응시하는 장면이었다. 내가 집중이 잘 안 될 때 하던 방법이었는데, 드라마 주인공들이 하니 신기했다.

한 점을 바라보는 것은 일명 '메디테이션 효과'로 집중력을 강화하는 데 도움이 되는 훈련법이다. 마스킹 요법과 마찬가지로 간단하다. 종이에 점을 그려 벽에 붙이거나 책상 위에 놓고 하면 된다.

① 점의 중앙에 초점을 맞춘다.
② 눈동자를 움직이지 말고 약 1분 정도 점을 집중해서 본다.
③ 점을 응시하면서 '점이 커져 보인다, 커져 보인다'라고 생각한다. 그렇게 응시하다 보면 점이 점점 뚜렷하게 보이고 커져 보이게 된다.

쉽게 익히고 오래 기억하는
오감 공부법

감각이 더해질수록 오래 기억한다

유대인의 공부법에 관심을 갖는 사람들이 많다. 전 세계 수재들만 모인다는 하버드 대학 입학생 중 유대인이 차지하는 비중이 가장 높기 때문이다. 또한 하버드는 입학도 어렵지만 졸업이 더 어려운데, 졸업생 중 약 30퍼센트가 유대인이다. 이는 유대인들이 입학만 많이 하는 것이 아니라 끝까지 중도 포기하지 않고 공부한다는 것을 의미한다.

대학에서만 두각을 나타내는 것이 아니다. 유대인들은 노벨상을 많이 받기로 유명하다. 노벨상은 분야별로 차이가 있지만 대체적으로 공부를 아주 잘하고 즐기는 사람들이 많이 받는다. 지금까지 노벨상을 받은 사람들 중 약 30퍼센트가 유대인이라는 것을 감안하면 유대인이 가장 공부를 잘하는 민족이라 해도 과언이 아니다.

유대인들은 왜 공부를 잘할까? 여러 가지 이유가 있지만 그중에서도 '오감 교육법'의 힘이 컸던 것 같다.

유대인들은 매년 '부림절'이라는 행사를 한다. 부림절은 고대 페르시아 제국 총리 하만이 유대 민족을 학살하려는 음모를 유대인 왕비 에스더와 유대 민족 지도자 모르드개가 저지한 것을 기념하는 날이다. 유대인들은 부림절 행사를 통해 민족의 가치와 문화를 전수하는데, 그 방법이 무척 흥미롭다. 행사 기간 동안 랍비가 구약성경 에스더서를 읽을 때 유대인을 학살하려 했던 하만의 이름이 나오면 달그락거리는 소음을 내는 장난감을 힘차게 돌리며 시끄러운 소리를 낸다. 손으로는 장난감을 흔들며 귀로 시끄러운 소리를 들으며 고난의 역사를 간접적으로나마 느끼는 것이다. 단순히 글로만 역사를 공부했다면 수천 년이 지난 지금까지 유대인들이 고난의 역사를 고스란히 기억하기는 어려웠을지도 모른다.

부림절뿐만 아니라 유대인들은 일상생활에서 오감 교육을 많이 실천한다고 한다. 평소에도 아이들은 눈으로 부모의 행동을 보고, 부모가 하는 대로 토라를 소리 내어 암송하고, 탈무드를 읽고 서로 토론한다. 안식일에는 안식일 음식 냄새와 향기를 더해 오감을 자극하고, 안식일이 끝나도 안식일의 향기를 작은 함에 담아 다음 안식일이 돌아올 때까지 유지하기도 한다.

오감을 자극하는 공부법은 효과도 효과지만 즐겁게 할 수 있는 공부법이라는 점이 매력적이다. 지루하지 않게, 오감을 동원해 즐기면서 공부하는 것이 생활화되었기 때문에 유대인들이 공부를 잘하는 것이란 생각이 든다.

사람의 뇌가 정보를 받아들이는 채널은 시각, 청각, 촉각, 후각, 미각 다섯 가지 감각이다. 이 중 어느 한 가지 감각만으로 정보를 받아들일 때와 다른 감각이 더해졌을 때는 정보를 받아들이고 이해하는 정도가 다르다. 무엇보다 여러 감각이 동원해 받아들인 정보는 오래 기억에 남는다. 그러니 오감을 다 동원하지는 못하더라도 가능한 한 많은 감각을 자극하며 공부하는 것이 좋다.

나는 최소한 서너 개의 감각을 동원해 공부하는 편이다. 책을 읽다 보면 집중이 안 될 때가 많다. 그럴 때 눈으로 보고, 손으로는 읽고 있는 구절을 짚어 가며, 입으로 읽으면 훨씬 집중이 잘 됐다. 여럿이 함께 공부하는 독서실과 같은 공간에서는 소리를 내는 것이 불가능했지만 혼자 공부할 때는 큰소리로 읽으면서 공부하기도 했다.

소리 내어 읽는 것만으로도 최소한 눈, 귀, 입 세 가지 감각이 동원된다. 집중이 안 될 때마다 소리 내 읽으면서 왜 우리 선조들이 책을 소리 내 읽으면서 공부했는지 짐작이 가기도 했다. 큰 소리로 책을 읽으면서 공부에 집중하기도 했겠지만 눈으로 본 것을 입으로 말하고, 내가 말한 것을 다시 귀로 들으면서 공부한 내용을 확실하게 두뇌에 각인시켰던 것 같다.

이처럼 감각이 더해질 때마다 정보를 더 빨리 받아들이고 오래 기억하므로 공부할 때 여러 감각을 동원하는 것이 좋다. 예를 들어 영어를 공부한다면 귀로 정확한 발음을 들으면서 입으로 말하고 손으로는 쓰면서 공부할 수 있다. 영어 단어를 외운다면 실물을 눈으로 보고 손으로 만져 보면서 외우면 더 좋다.

오감 공부법이라 해도 매번 오감을 모두 자극하기란 현실적으로 어려운 일이다. 꼭 오감이 아니라도 가능한 많은 감각을 동원하도록 노력하는 것으로도 충분하다. 여건이 허락하는 한도 내에서 자기에게 맞는 오감 자극법을 찾아 공부하다 보면 어느새 공부도 즐거워지고, 공부 효율도 높아질 것이다.

수능 만점으로 가는
기출문제 공부법

기출문제만 풀어도 OK

해마다 수능 만점자들이 탄생한다. 2011년 이후 가장 어려운 '불수능'이었다는 2017년에도 만점자가 3명이나 나왔다. 2012년 30명, 2013년 6명, 2014년 33명, 2015년 29명, 2016년 16명인 것에 비하면 아주 적은 숫자지만 수능의 난이도를 감안하면 만점자가 있다는 자체만으로도 놀랍다. 수능 만점은 꿈도 꾸지 못한 나로서는 만점을 받은 수험생들이 사람이 아닌 귀신이 아닐까 의심스럽기도 하다.

어떻게 한 과목도 아니고, 전 과목 다 만점을 받을 수 있을까? 수능만점자들 중 상당수가 '기출문제를 집중적으로 풀었다'고 말한다. 2017년 수능에서 만점을 받았던 이영래 학생도 "사설 문제 보다는 한국교육평가원 기출문제를 중심으로 공부했고, 독서를 많이 한 것이 수능 만점에 도움이 된 것 같다"고 했다.

비록 만점은 받지 못했지만 나 역시 기출문제를 많이 풀었다. 기출문제는 아주 중요하다. 수능 기출문제란 말 그대로 수능에 출제되었던 문제를 말한다. 수능 문제를 출제하는 과정은 신중하면서도 정교하다. 기본적으로 시험은 공정하고 오류가 없어야 한다. 그래서 시험문제를 출제하려면 각 과목별로 여러 전문가들이 모여 오랫동안 공들여 문제를 낸다. 고등학교에서 배운 개념을 얼마나 이해하고 있고, 복합적으로 활용할 수 있는지를 판단할 수 있는 문제를 심혈을 기울여 출제한다. 그런 다음 몇 번이고 검증에 검증을 거듭해 오류가 없도록 한다.

기출문제가 어떻게 출제되는지를 알면 수능 만점자가 사설문제보다 기출문제에 집중한 것이 당연하게 느껴진다. 사실 시중에 나와 있는 문제집도 기출문제를 변형시킨 것에 불과하다. 그럼에도 기출문제보다는 다른 사설 문제집에 집착하는 친구들이 많아 안타깝다.

물론 한두 해 기출문제만으로는 부족하다. 최소한 10년 정도의 기출문제는 풀어봐야 한다. 그쯤 되면 하나의 개념을 활용해 낼 수 있는 문제는 다 나온 것이라 봐도 괜찮다. 결국 그 개념을 문제가 아무리 변형되어 출제되어도 10년 동안의 기출문제를 풀어보면 당황하지 않고 풀 수 있다는 얘기다.

실제로 내가 아는 서울대생 중에는 일 년 동안 기출문제만 풀어 서울대에 합격했던 사람이 있다. 그는 삼수 끝에 서울대에 합격했다. 두 번 수능에 실패할 때까지만 해도 무엇이 문제인지 잘 몰랐다. 누구보다도 열심히 공부했고, 의지도 강했다. 최선을 다했지만 기대했던 결과가 나오지 않자 그는 심각하게 그동안의 공부법을 고민했고, 기출문제만 풀어보기로 결심했다고 한다. 두 번의 수능을 치르면서 기본 개념보다는 응용력이 약하다고 생각했기 때문이다.

기출문제에 모든 답이 있다. 기본적으로 문제를 푸는 이유는 응용력을 키우기 위해서다. 같은 개념이라도 변형하면 어떻게 풀어야 할지 모르는 경우가 많은데, 문제를 많이 풀다 보면 자연스럽게 응용력을 키울 수 있다. 응용력을 키우는 것뿐만 아니라 개념을 확실하게 이해하는 데도 큰 도움이 된다. 개념도 확인하고 응용력을 키울 수 있으니 가능한 한 기출문제를 많이 풀어보는 것이 좋다.

그런데 기출문제만 열심히 풀어도 공부를 잘할 수 있다고 하면 이렇게 이야기하는 친구들이 있다.

"전 정말 기출문제 열심히 풀었어요. 그런데 왜 성적이 오르지 않는 거죠?"

단순히 풀기만 해서는 안 된다. 분석을 해야 한다. 분석을 한다는 것은 문제 출제자와 대화를 하는 것과 같다. 출제자가 어떤 의도로 이런 문제를 냈는지, 이 문제를 풀기 위해서는 어떤 개념이 필요한지, 어떤 방법으로 풀어야 하는지를 생각해봐야 한다.

문제를 풀지 못하는 가장 큰 이유 중 하나는 질문을 제대로 이해하지 못하는 것이다. 출제자의 의도를 제대로 파악하지 못하니 당연히 답을 찾기가 어렵다. 문제의 의도를 제대로 분석만 해도 반은 성공한 것이다. 수능에 얼마나 출제된 문제인지도 살펴야 한다. 수능에 자주 출제되었다는 것은 그만큼 꼭 알아야 할 중요한 내용이라는 의미다.

또한 10년 이상의 기출문제를 분석하다 보면 출제 패턴을 파악할 수도 있다. 패턴을 알면 다음 시험은 어떤 흐름으로 어떤 문제가 나올지 대략적으로나마 예측하는 것이 가능하다. 실제로 공신 강성태 씨는 어떤 문제가 출제될 것인지를 넘어 어떤 답이 나올 것인지까지 정확히 맞혀 사람들을 깜짝 놀라게 하기도 했다. 찍어서 맞힌 것이 아니라 어떻게 수학 주관식 정답으로 그 숫자를 예측하게 되었는지 이유와 과정을 설명한 동영상을 인터넷에 올려 폭발적인 관심을 끌었다. 나도 나름 기출문제 분석 좀 한다고 자부했는데 강성태 씨에 비하면 어린아이 수준에 불과했다.

기출문제를 풀지 말고 분석해야 하는 이유는 이처럼 기출문제를 통해 앞으로 어떤 방향으로, 어떤 내용을 공부해야 하는지를 알 수 있기 때문이다. 그냥 문제를 풀기만 해서는 절대 알 수가 없다. 문제를 철저하게 분석하고 또 분석해야 한다. 어떤 대단한 분석력이 있어야 한다고 오해하지 말길 바란다. 기출문제를 들여다보며 생각의 끈을 놓치지 않고 물고 늘어지면 누구나 할 수 있다.

다양한 방법으로 풀어라

기출문제를 풀었는데 답이 나왔다. 그럼 된 것일까? 풀어서 답이 맞으면 기분이 좋고, 다 된 것 같지만 그렇지가 않다. 답보다 어떻게 풀었는지가 더 중요하다. 같은 문제를 똑같은 방법으로 풀면 백 번을 넘게 풀어도 큰 효과가 없다. 가능한 새로운 방법으로 풀어 보려고 노력해야 한다.

처음부터 새로운 방법으로 풀기는 쉽지 않다. 일단은 가장 기본이 되는 풀이 방법을 완벽하게 익혀야 한다. 기출문제로 공부하는 사람들은 대부분 기출문제와 풀이 방법을 거의 외우다시피할 정도로 줄줄 펜다. 그런 다음 새로운 풀이 방법을 시도해 보는 것이 좋다.

새로운 방법으로 문제를 풀기는 쉬운 일이 아니다. 나도 처음에는 도저히 새로운 방법이 생각나지 않아 고전을 면치 못했다. 새로운 방법이 없을까 고민하다 보면 어느새 기존의 풀이 방법이 머릿속에 떠오르면서 생각을 방해했다. 시간은 가는데, 뾰족한 방법이 생각나지 않으면 포기하고 싶을 때도 한두 번이 아니었다.

하지만 포기하지 않으면 언제나 길이 열린다. 이런저런 시도 끝에 전혀 없을 것 같았던 새로운 방법이 보였고, 여러 가지 방법으로 문제를 풀면서 어떤 문제가 나와도 풀 수 있을 것 같은 자신감이 붙었다.

다양한 방법으로 문제를 풀려면 개념을 정확히 이해하는 것은 기본이고, 전체의 흐름을 꿰뚫고 있어야 한다. 수학이라면 수학 전반의 개념을 이해하고, 각 개념을 복합적으로 응용할 수 있어야 한다는 얘기다.

'서는 데가 바뀌면 풍경도 달라진다'는 말이 있다. 내 생각에 공부도 그렇다. 개념 하나를 알고 있을 때는 풀이 방법이 하나밖에 안 보이지만 여러 개를 알면 그만큼 풀이 방법이 더 많이 보인다. 반대로 다양한 방법으로 문제를 풀어보면서 각 개념간의 연결고리를 찾을 수도 있다. 그러므로 힘들더라도 다양한 방법으로 기출문제를 풀어보자.

나를 위한 공부를 넘어, 함께 나누는 공부를 위하여

'내'가 아닌 '우리'를 생각하는 삶을 꿈꾸기 시작한 것은 군복무를 하면서부터였다. DMZ 안에서 근무하던 나는 8주에 한 번씩 민간 지역으로 나올 수 있었다. 그때마다 지역 학교에 가서 아이들과 함께 시간을 보냈다. 소외 지역이라고 일컬어지는 철원에서 아이들은 순박함 그 자체였다. 지금껏 만나본 수많은 아이들 중에서 제일 때 묻지 않은 아이들이었다. 그 아이들과 지내면서 놀랐던 사실은, 아이들의 장래 희망이 대부분 '군인'이었다는 것이다. 초등학교 3학년 여자아이도, 중학교 2학년 남자아이도 모두 군인이 되고 싶다고 했다. 민간인보다 군인이 더 많은 지역에서 당연한 현상이었겠지만, 나는 아이들에게 더 넓은 세상을 보여 주고 싶었다. 그 아이들은 나로 하여금 더불어 사는 삶이 무엇인지를 생각하는 계기를 마련해 준 소중한 친구들이다.

엄알비를 창업하다

다른 누군가에게 조금이라도 도움이 되고 싶다는 생각을 실천했던 것은 서울대 재학 중인 2014년 2학기였다. 어떻게 도울 수 있을까를 고민하던 중 문득 예전의 나처럼 길을 잃고 헤매는 청소년들의 멘토가 되고 싶다는 생각이 들었다.

휘몰아치는 태풍 속의 돛단배와도 같은 신세가 우리나라 수험생들의 현실이다. 과열된 교육열로 인해서 대부분의 학생들은 하루의 전부를 공부와 산다고 해도 과언이 아니다. 하지만 모든 학생들이 평등하게 스물네 시간, 365일을 부여 받았음에도 불구하고 누군가는 입시가 끝났을 때 웃고 있는 반면, 누군가는 입시가 끝났을 때 울고 있다. 개중에는 입시가 끝났을 때 무념무상인 학생들도 있다. 그 이유는 무엇일까?

안타깝게도 우리나라 수험생들은 대부분의 시간을 '공부'에만 쏟는 나머지 자기가 나아가는 방향에 대해서는 진지한 고민을 못하고 있다. 휘몰아치는 태풍 속에서 처절하게 노질을 하고 있지만, 어디로 나아가는지 모르는 것이다. 그게 너무 답답했다.

우리는 단지 대학교에 가기 위해 공부하는 것이 아니다. 우리는 스스로 원하는 목표를 달성하기 위해 살아간다. 그 목표가 막대한 재산 축적이든, 소박하지만 단란한 가정이든, 목표는 우리가 나아가는 방향성이며 매 순간 결정의 척도가 된다. 지금 이 순간 스스로에게 물어보자. 과연 내가 이렇게 열심히 공부하고 있는 이유가 무엇인지….

나는 갈 길을 잃고 방황하는 학생들을 돕고 싶었다. 나 역시 학교 다닐 나이에 자퇴하고 혼자 어렵게 공부해 본 적이 있기 때문에 스스로 길을 개척한다는 것이 얼마나 어려운지 잘 알고 있다. 당장 눈앞에 쌓여 있는 문제집, 인강을 섭렵하다 보면 정작 내 자신에 대한 고찰은 뒷전이 된다. 정작 중요한 것을 놓치고 가는 것이다. 다시 태풍에 비유해서 말하자면, 본인이 이루고자 하는 목표는 등대가 된다. 하루하루를 살아가는 원동력이 되며, 슬럼프가 왔을 때 극복할 수 있는 힘이 된다. 나는 여러 시행착오를 거쳐서 찾았다. 그리고 그만큼 시간을 낭비했다.

교육 커뮤니티 〈엄마만 알고 있는 비밀〉(이하 엄알비)는 나와 같이 돌아가는 학생들이 없었으면 하는 마음에 만든 것이다. 인생의 롤 모델이 될 수 있는 많은 사람들을 만나면서 자신의 미래를 상상하고 구체화할 수 있게 돕기 위해 엄알비를 창업했다.

나름 철저한 계획을 세우고 시작했지만 쉽지 않았다. 창업 초기에는 아무도 우리를 믿어주지 않았다. 하지만 악착같이 버티는 진정성에 감동한 사람들이 도움을 주기 위해 손을 내밀었고, 그로부터 약 1년 3개월이라는 시간 동안 50번 이상의 강연을 개최할 수 있었다. 에듀플렉스 고승재 대표님을 비롯한 구글러, 컨설턴트 등 사회 각 분야의 인사들이 시간을 할애하여 학생과 학부모에게 무료 강연을 해주었고 수많은 사람들이 강연에 다녀갔다. 마지막 강연이 끝나던 날, 나는 막중한 부담으로 다가왔던 사명감과 이루 말할 수 없는 성취감을 경험할 수 있었다. 그리고 그날 다시 한 번 '사람'을 위하는 삶의 즐거움을 확인할 수 있었다.

엄알비 마지막 날, 새벽에 '우리'를 보다

엄알비를 창업하고 약 2년 동안은 정신없이 살았다. 힘든 만큼 보람도 컸지만 또 다른 목표를 위해 엄알비를 접어야 했다. 2016년 5월 12일 새벽 1시 40분. 여느 새벽과 다를 게 없었던 그날은 대학 생활의 반을 바쳐 일궈낸 엄알비의 마지막 업무로부터 해방되는 밤이기도 했다.

어깨를 짓누르던 책임감에서 벗어난 나는 그 여유를 자축하고자 냉장고를 열었다. 냉장고는 텅 비어 있었다. 실망한 나는 집 앞에 있는 편의점에 가 초코우유를 집어 들었다. 시원한 초코우유로 목을 축이던 나는 무언가에 이끌리듯이 집과는 정반대 방향으로 발걸음을 옮겼다. 그 발걸음이 얼마나 큰 깨달음을 불러올지 전혀 예상하지 못한 채….

정신없이 걷다 보니 한강대교 위였다. 시계를 보니 새벽 2시 30분. 봉천고개에서 시작된 발걸음이 어느덧 서울을 가로지르는 한강 위까지 이어진 것이다. 모든 것을 빨아들일 것처럼 요란한 기세로 흐르는 한강을 한참 동안 내려다보다가 새벽 3시 30분쯤에 다시 걷기 시작했다.

여전히 집과는 반대 방향으로 걸었다. 한참을 걷다 보니 용산역을 지나고 있었다. 그곳에서 술에 취한 채 비틀거리는 무리와 잠시 마주치고 또 걸었다. 계속 걷다 보니 서울역이 가까워지고 있었다. 그때가 새벽 4시 40분. 여전히 주변은 칠흑 같이 어두웠다. 어둠 속에서도 곳곳에 무리 지어 담배를 피우는 아저씨들이 보였다. 모두 하루 일거리를 기다리는 일용직 노동자들이었다.

계속 걸었다. 날이 밝을 즈음, 서울역 앞을 지나면서 노숙자들이 눈에 들어왔다. 밝아오는 아침 해를 피해, 하나 둘 몸을 일으키고 있었다. 그러고는 곧 한때는 옷이었을 천 쪼가리를 걸치고 급히 자리를 떴다. 그들을 쫓아내는 공무원을 피해….

새벽에 마주한 서울의 모습은 낮에 보던 모습과 많이 달랐다. 많이 선진화되었다고는 하지만, 아직도 우리나라에는 소외받는 사람들이 많았다. 직접 눈으로 그들의 모습을 보자 '내가 그들에게 어떤 도움이 될 수 있을까?'라는 생각이 머릿속을 스쳤다. 나는 이제 막 대학교 4년을 마친 햇병아리에 불과했다. 여느 내 또래들처럼 졸업 후 불투명한 미래에 불안해하는, 사회 풋내기였다. 그럼에도 불구하고 이들에게 도움을 주고 싶다는 마음이 들었다.

그날 나는 삶의 의미를 어디에 둘 것인지 확인할 수 있었다. 나는 소외받는 사회 구성원들에게 손을 내밀 수 있는 사람이 되자고 마음먹었다. 굳이 이런 이야기를 하는 이유는 삶의 의미는 종종 내 자신에게 왜 최선을 다해 공부를 해야 하느냐에 대한 동기부여를 주기 때문이다.

흔히들 '공부해서 남 주느냐'고 말한다. 기본적으로 공부는 남이 아닌 자신을 위해 하는 것이다. 하지만 공부해서 남을 주는 것도 나쁘지 않은 것 같다. 삶의 의미를 '우리'에 두고, 열심히 공부해서 얻은 결실을 남과 나눌 수 있다면 공부한 보람을 더 크게 느낄 수 있지 않을까?

편견 가득했던 의료인에 도전한 이유

이 세상에는 아직도 우리의 작은 도움을 필요로 하는 이들이 많다. 그날 새벽 이후 나는 다른 사람들에게 실질적인 도움을 줄 수 있는 공부를 하기로 마음먹었다. 망망대해의 돛단배와도 같은 수험생들에게 나의 경험을 나누어주는 것도 의미가 있지만 좀 더 절실하게 도움이 필요한 사람들을 돕고 싶었다. 그래서 선택한 것이 바로 의학 공부다.

사실 나는 의대를 좋아하지 않았다. 성적이 좋은 학생들은 대부분 의대, 치대, 한의대, 서울대를 지원한다. 의대, 치대, 한의대에 지원하는 학생들은 본인이 받은 점수로 어떤 대학에 지원해야 합격 가능성이 높은지 치열하게 고민한다. 의대에 관심이 없는 학생들은 서울대학교 어느 전공에 지원했을 때 합격 가능성이 높은지 치열하게 고민한다. 그렇다. 수능 성적에서 최상위 점수를 받은 상당수의 학생들은 의대, 치대, 한의대를 1순위로 고민한다.

나는 그런 현실이 안타까웠다. 전국에서 공부를 가장 잘한다는 친구들이 모두 의학 계열로 진학하는 현실이…. 그렇게 의대로 진학하는 친구들을 보면서 '안정적인 삶, 돈 많이 버는 삶'을 선택했다는 생각에 항상 안타까웠다. 심지어 숭고한 사명감을 가지고 5년을 공부해서 의대에 진학한 형을 보면서도 그 사명감을 이해할 수가 없었다.

그런 나에게 의료인에 대한 편견이 깨지는 순간이 왔다. 바로 2016년 5월이었다. 십자인대가 파열되고, 연골판이 찢어져 수술대에 오른 나는 수술 하루 전부터 병원에 입원해 있었다. 그때 내 주치의 선생님이 새벽 2시에도, 새벽 4시에도 환자의 상태를 확인하기 위해 병실을 찾아오는 모습을 보면서 '숭고한 사명감'이 무엇인지 어렴풋이 느낄 수 있었다.

그리고 수술 당일, 나는 반투명한 수술실 앞에서 들어갈 차례를 기다리고 있었다. 이동식 침대에 누워 차례를 기다리던 내 눈은 천장에 쓰여 있는 문구에 머물렀다.

'조금만 힘내세요. 저희가 최선을 다하겠습니다.'
'문 밖에서 가족이 기다리고 있습니다.'
'수많은 사람들이 이겨냈습니다. 당신도 할 수 있습니다.'

물론 나는 생명과는 무관한 수술이었지만, 순간 눈물이 앞을 가렸다. 어쩌면 어느 누군가는 이 세상에서 마지막으로 보았을지도 모를 문구라는 생각에 가슴이 먹먹해졌다. 그런 생각이 들고 주변을 둘러보니 그제야 다른 모습들이 눈에 들어왔다. 수많은 사람들이 거쳐 가면서, 어느 누군가가 마지막으로 눈을 감았을 공간이 갖는 의미는 특별했다. 가족과 떨어져 홀로 수술을 기다리는 환자들에게 모든 것이 마지막이었을 것이다. 마스크 위로 드러난 의사 선생님의 눈매를 기억하고, 수술에 대한 안내를 해주는 목소리를 기억하고, 다 잘될 거라고 잡아주는 손을 통해 느껴지는 체온 36.5도를 기억했을 것이다. 환자에게 있어서 의사 선생님은 '삶과의 마지막 연결고리'였기 때문에….

나는 비로소 '숭고한 사명감'을 이해할 수 있었다. 그들은 결코 편한 삶을, 돈 많이 버는 삶을 선택한 것이 아니다. 환자 한 명 한 명을 위해서 새벽에도 고군분투하는 그들의 모습은 결코 '숭고한 사명감'이 아니고서는 설명할 방법이 없다. 심지어 내 주치의였던 선생님은 추석 연휴에도 응급 수술을 위해 밤 11시에도 수술하고 있었다.

그래서 나는 의료인이 되기로 결심했다. 돈과 명예를 위해서가 아니라 다른 누군가를 도울 수 있기 위해서 기꺼이 또 한 번 고독한 수험생이 되었다. 지금도, 여전히 약 6개월가량을 지독하게 공부하고 있다. 이번에는 나만을 위해서가 아니라, 다른 누군가에게 조금이라도 도움이 되는 내가 되기 위해서 말이다.

과연 행운의 여신은 내 손을 들어줄까? 어찌 되었든 이제부터는 내 인생에 또 다른 도전이 시작된다. 본격적으로 다른 사람들과 나누기 위한 공부를 하고, 이를 토대로 조금은 더 큰 도움을 줄 수 있기를, 그날이 반드시 오기를 진심으로 희망한다.

더 이상 공부에 지지 않겠다

초판 1쇄 발행 2017년 1월 23일

지은이 이우빈
펴낸이 김선식

경영총괄 김은영
책임편집 김수나 **크로스교정** 이상혁 **책임마케터** 양정길, 최혜진
콘텐츠개발3팀장 이상혁 **콘텐츠개발3팀** 이은, 윤세미, 김수나, 심아경
마케팅본부 이주화, 정명찬, 양정길, 최혜령, 최혜진, 박진아, 김선욱, 이승민, 김은지, 이수인
전략기획팀 김상윤
경영관리팀 허대우, 권송이, 윤이경, 임해랑, 김재경

펴낸곳 다산북스 **출판등록** 2005년 12월 23일 제313-2005-00277호
주소 경기도 파주시 회동길 357 3층
전화 02-702-1724 (기획편집) 02-6217-1726 (마케팅) 02-704-1724 (경영관리)
팩스 02-322-5717 **이메일** dasanbooks@dasanbooks.com
홈페이지 www.dasanbooks.com
블로그 blog.naver.com/dasan_books
종이 한솔피엔에스 **출력·인쇄** 민언프린텍
ISBN 979-11-306-1093-1 (43370)

다산북스(DASANBOOKS)는 독자 여러분의 책에 관한 아이디어와 원고 투고를 기쁜 마음으로 기다리고 있습니다.
책 출간을 원하는 아이디어가 있으신 분은 이메일 dasanbooks@dasanbooks.com 또는 다산북스 홈페이지 '투고
원고'란으로 간단한 개요와 취지, 연락처 등을 보내 주세요. 머뭇거리지 말고 문을 두드리세요.

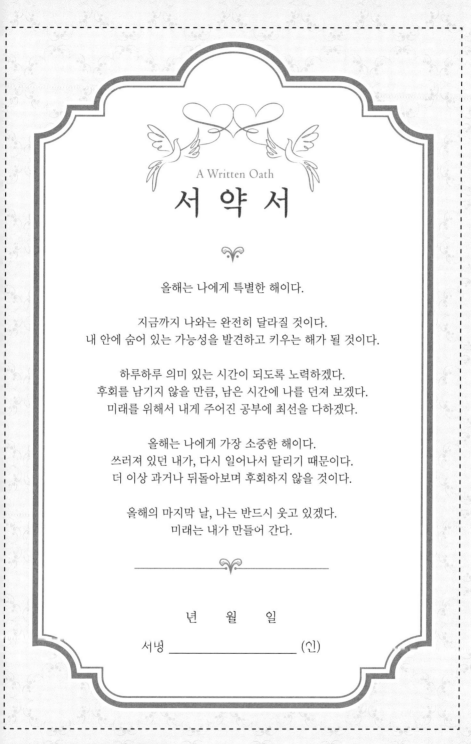

A Written Oath

서 약 서

올해는 나에게 특별한 해이다.

지금까지 나와는 완전히 달라질 것이다.
내 안에 숨어 있는 가능성을 발견하고 키우는 해가 될 것이다.

하루하루 의미 있는 시간이 되도록 노력하겠다.
후회를 남기지 않을 만큼, 남은 시간에 나를 던져 보겠다.
미래를 위해서 내게 주어진 공부에 최선을 다하겠다.

올해는 나에게 가장 소중한 해이다.
쓰러져 있던 내가, 다시 일어나서 달리기 때문이다.
더 이상 과거나 뒤돌아보며 후회하지 않을 것이다.

올해의 마지막 날, 나는 반드시 웃고 있겠다.
미래는 내가 만들어 간다.

년   월   일

서냉 _____ (인)

★ 점선을 따라 자른 다음 자유롭게 활용하세요.